398

Merve Verlag

Markus Gabriel

Die Macht der Kunst

Aus dem Französischen von Max Seeth

Merve Verlag

Originalausgabe: *Le pouvoir de l'art*, Paris 2018

Kolonnadenstraße 5 | 04109 Leipzig

merve@merve.de | www.merve.de

Druck- und Bindearbeiten: Balto, Vilnius

Umschlagentwurf: Jochen Stankowski, Dresden

Redaktorat: Tom Lamberty, Paula Maß, Leipzig

ISBN 978-3-88396-341-9

Inhalt

Vorwort von Bernard Géniès

Vor kurzem hat ein Käsefabrikant verschiedenen zeitgenössischen Künstlern (wie etwa Hans Peter Feldmann oder Jonathan Monk) vorgeschlagen, die bekannte Verpackungsschachtel mit dem Bildnis der »lachenden Kuh«, »la vache qui rit«, eine Figur, die ursprünglich im Jahr 1920 von dem Illustrator Benjamin Rabier entworfen worden war, neu zu gestalten. Weil sie von einem Künstler konzipiert wurde, kann diese Schöpfung als Kunstwerk angesehen werden. Doch die Art und Weise ihrer Verbreitung (die als *Sammelobjekt* präsentierte Schachtel wird tausendfach hergestellt und in Supermärkten verkauft) lässt erahnen, dass es sich dabei um reines Marketing handelt. Man kauft kein Werk, sondern Käse.

Als Floris Claesz van Dijk um 1615 sein *Stillleben mit Früchten, Brot und Käse* malte, wäre ihm nie der Gedanke in den Sinn gekommen, dass sein Gemälde kein Kunstwerk ist, obwohl auch er ein Milchprodukt anpreist. Selbst wenn es scheint, als hätten diese beiden Werke nichts miteinander zu tun, sollte daran erinnert werden, dass sich im Französischen das Wort »fromage« aus dem lateinischen *formaticus* herleitet, was so viel heißt wie: »in einer Form gemacht«. Der gemeinsame Nenner der beiden von uns zitierten Beispiele, der sie im Abstand von fünf Jahrhunderten in Bezug zueinander setzt, wäre also die bekannte »Formatierung« – einer Idee, einer Komposition.

Das böte eine teilweise Erklärung für das Eindringen der Kunst in alle Bereiche des heutigen Lebens. Zu der gleichen Einsicht kommt auch Markus Gabriel auf den ersten Seiten seiner *Macht der Kunst*. Er ruft uns in Erinnerung, dass die Kunst von jetzt an unter dem Schlagwort Design firmiert, dieser »Pappnase« der Kunst, die dazu dient, Gegenstände begehrlich zu machen, indem sie ihnen einen überhöhten Wert zuschreibt. Man kennt es nur zu gut: Ein Fünf-Euro-Schein ist in Wirklichkeit nicht die Summe wert, die vorne und hinten auf ihm gedruckt steht. Der Wert, der ihm zugerechnet wird, ist das Ergebnis einer Abmachung, die von den Akteuren der Finanz- und Handelsmärkte getroffen wurde. Das Geld ist wert, was es behauptet, wert zu sein. Schlägt die Kunst den gleichen Weg ein? Ist auch sie Ausdruck einer Vereinbarung zwischen den Akteuren des Kunstmarktes? Wie sollen wir sonst den Boom hinsichtlich der Bewertung einer Handvoll Künstler verstehen, die heute als die Hennen gelten, die die goldenen Eier legen? Die lange Nase, die der italienische Künstler Piero Manzoni den eigenen Bewunderern in Form mehrerer konzeptueller Botschaften zeigte, ist keineswegs vergessen: In den frühen 1960er Jahren produzierte er seinen *Fiato d'artista* (»Künstleratem«, mit dem eigenen Atem befüllte Luftballons), dann die berühmte *Merda d'artista* (»Künstlerscheiße«, Konservendosen, die mit seinen Exkrementen gefüllt sind; Manzoni schürfte diese Goldader auf, indem er 90 Exemplare produzierte). Diese Arbeiten hinterfragen die Natur des Kunstwerkes selbst und seinen Status. Sind ein Atemhauch oder ein Kothaufen dazu gedacht, Gefühl, Eindruck oder Wahrnehmung hervorzurufen? Oder sollte man eher die Intention des Künstlers und daher das pure Ergebnis seiner Aktion genauer in Augenschein nehmen?

Markus Gabriel zeigt uns eine Spur auf, indem er uns einlädt, Monets *Impression, Sonnenaufgang* zu betrachten. Erster Hinweis: Für ihn ist das gezeigte Gestirn keines, da es unmöglich ist, auf irgendeine Weise zu reproduzieren, was es in Wirklichkeit ist, nämlich ein elektromagnetisches Feld. Zweiter Hinweis: Was Monet malt, ist »eine Wahrnehmungsillusion«, die in einen »Wahrnehmungsgegenstand« verwandelt wird. Was wir sehen, ist also ein Changieren zwischen dem, was gemalt ist (die Materialität der Leinwand) und dem, was wir wahrnehmen. Es ist, wie Markus Gabriel bestätigt, ein Spiel zu dritt: »1. Der wahrgenommene Gegenstand 2. erscheint einem ›Wahrnehmenden‹ 3. in der Form einer Wahrnehmungsillusion«. Doch er geht noch weiter. Nachdem die Regeln der Erarbeitung und dann die der Wahrnehmung der Kunst aufgestellt sind, fragt er nach ihren Territorien und Kräften.

Auf eine bestimmte Weise, man weiß es, entzieht sich uns die Kunst. Und das ist gut so. Es liegt an uns, auf sie zuzugehen, und sie zu begreifen. Sie kann sicherlich Regeln (zum Beispiel ästhetischen), einer Moral, einer Ideologie (dem sozialistischen Realismus, neben anderen) oder einem Dogma (Konzeptkunst wäre ein Dogma) gehorchen. Doch sie besitzt auch ihre eigenen Eigenschaften: »Kunstwerke«, so Gabriel, »*sind radikal autonom*«. Daher »widersetzen [sie] sich dem Universellen«. Ihre Einzigartigkeit beruht auf der Tatsache, dass sie keinerlei Gemeinsamkeiten mit anderen Kunstwerken besitzen. Sie sind Einheiten, die sich aus dem, was der Autor »Sinnfelder« nennt, zusammensetzen, die der Interpretation offenstehen. Ein Werk ist einmalig (selbst wenn es eine Reproduktion ist – etwa bei Editionen einer Skulptur oder einer Fotografie), seine Wahrnehmung hingegen kann vielfältig sein. Rodins *Denker* ist eine Einladung zur Reflexion. Beim Betrachten des *Denkers* denken wir. Aber das reicht natürlich nicht aus, um das Kunstwerk wahrzunehmen, wie es ist. Je nachdem, ob man seine Form, seine Zusammensetzung oder sein Material betrachtet: erst die Betrachtung liefert die theoretischen Analyseinstrumente, vermittels derer sich die irreduziblen Eigenschaften des Kunstwerkes und seine Einzigartigkeit aufzeigen lassen.

Was hat nun die Philosophie mit der Kunst zu tun? Philosophen jonglieren wie Künstler mit Begriffen und Konzepten, die durch Arrangements, Dispositionen, Oppositionen oder Komplementaritäten zur Schöpfung einer Figur (eines Gemäldes oder einer Idee) beitragen. Ihr Diskurs ist der einer Entdeckung, wie er die Essenz der Kunst ausmacht. Kann man trotzdem noch schreiben, wie Kant es tat, dass »das Kunstschöne die schöne Repräsentation einer Sache ist«? Behält diese Sentenz im Feld der zeitgenössischen Kunst noch ihren Sinn? Lässt sich das Kunstschöne, wie es dem deutschen Philosophen vorschwebte, beispielsweise noch auf Werke anwenden, wie sie Anish Kapoor oder Marina Abramović jüngst in Form von Bildern in virtueller Realität entwickelt haben? Die Notwendigkeit eines kontextualisierten Diskurses drängt sich auf. Wir sind Markus Gabriel deshalb dafür dankbar, dass er die Epochen und Gräben überschreitet, um klarzustellen, dass »das Kunstwerk sich sein eigenes Gesetz gibt«. Mit anderen Worten: es ist autonom (»radikal autonom«, wie er betont). In diesem Sinne muss es keinerlei Rücksicht auf irgendeine Institution nehmen, welcher Art auch immer. Der Philosoph geht noch weiter, wenn er schreibt, dass »die Kunst [...] *amoralisch, alegal, apolitisch*« ist. In diesem Sinne wäre ihre Macht (in der Art und Weise, in der sie sich anderen Mächten entzieht) »absolut«.

Man könnte, um den Titel eines der Werke Markus Gabriels (*Warum es die Welt nicht gibt*) zu paraphrasieren, auf den Gedanken kommen, dass es die Kunst genauso wenig gibt. Was, ehrlich gesagt, unserer Existenz einiges an Sinn entziehen würde. Doch so weit geht der Philosoph nicht. Indem er die »Macht der Kunst« proklamiert, verortet er sie im Feld der Wirklichkeit. Er lehnt die These der Konstruktivisten ab, die behaupten, dass das, was wir die Wirklichkeit nennen, teilweise durch Begriffe konstruiert wird, und argumentiert, dass wir die Wirklichkeit der Dinge erkennen können. Und er ergänzt: Um ein Kunstwerk zu schaffen, müssen wir es interpretieren – ein Ansatz, der von einer theoretischen Analyse unterschieden werden muss.

Um diesen Vorschlag noch einmal zusammenzufassen: wir müssen also anerkennen, dass dem Kunstwerk eine eigenständige Funktion zugestanden wird. Das Schwindelgefühl, das es auslösen kann, ist nicht der bloßen Beobachtung geschuldet, durch seine physischen und sinnlichen Dimensionen Lust (oder Unlust) zu erzeugen. Es ist vor allem die einmalige und andersartige Ausdrucksform des Kunstwerkes, die ihre eigene Bedeutung erschafft und Zustimmung oder Ablehnung auslöst. Malewitschs *Schwarzes Quadrat* (das im Übrigen kein ideales Quadrat ist) wurde nie als schönes Gemälde wahrgenommen oder ausgestellt. Als es zum ersten Mal in Moskau gezeigt wurde, hatte Malewitsch jedoch dafür gesorgt, es hoch aufzuhängen, im sogenannten »Herrgottswinkel«, dem Ort, der in einem traditionellen russischen Raum den Ikonen zugedacht ist. Wenn das Werk jedoch emblematisch geworden ist, dann deshalb, weil es ein Bekenntnis, eine Provokation markiert, die auf die künstlerischen Normen und die gesellschaftlichen Konventionen der Epoche abzielt. Ja, diese Kunst behauptet eine Macht. Eine Macht, die über ihren Entstehungskontext hinausreicht, und an ihre unentrinnbaren Kräfte gemahnt. Auch wenn man jenes *Schwarze Quadrat* von 1915 noch immer verabscheut, es ist deshalb nicht weniger existent. So ist die Kunst: Sie behauptet.

Die Macht der Kunst

Wer, wenn ich schriee, hörte mich denn aus der Engel
Ordnungen? und gesetzt selbst, es nähme
einer mich plötzlich ans Herz: ich verginge von seinem
stärkeren Dasein. Denn das Schöne ist nichts
als des Schrecklichen Anfang, den wir noch grade ertragen,
und wir bewundern es so, weil es gelassen verschmäht,
uns zu zerstören. Ein jeder Engel ist schrecklich.
Und so verhalt ich mich denn und verschlucke den Lockruf
dunkelen Schluchzens. Ach, wen vermögen
wir denn zu brauchen? Engel nicht, Menschen nicht,
und die findigen Tiere merken es schon,
daß wir nicht sehr verläßlich zu Haus sind
in der gedeuteten Welt.

Rainer Maria Rilke, »Die erste Elegie«[1]

Wir leben im Zeitalter der Ästhetik. Kunstwerke sind allgegenwärtig. Hinzu kommt, dass es heutzutage immer schwieriger wird, Kunst und *Design* voneinander zu unterscheiden. Indem sie miteinander verschmelzen, wechseln Kunstwerke und *Design*objekte Form und Aussehen, und treten in Zusammenhängen in Erscheinung, in denen man sie nicht erwartet. Man kann natürlich immer noch ins Museum gehen, ein Konzert besuchen oder einen Film anschauen. Allein ein Spaziergang in einer Stadt, die ein wenig geschichtsträchtig ist, reicht aus, um mit Architektur konfrontiert zu werden – auch eine Kunstform; bei einem Bummel durch die Luxusgeschäfte in einer Metropole kommen wir mit besonders ausgefallenen Modeartikeln in Berührung, die von jener Macht der Kunst geformt wurden, die Gegenstände aus der Masse hervorzuheben weiß. Jeder Japanreisende wird festgestellt haben, dass auch Essen eine Form von Kunst sein kann, was etwa beim Verzehr von *Fast Food* nicht sofort auffallen mag. Und selbst McDonald's, wo die Mahlzeiten scheinbar nichts Ästhetisches haben, setzt im großen Stil Kunst und Ästhetizismus ein, um über die Mittelmäßigkeit der angebotenen Produkte hinwegzutäuschen. Das Nahrungsmittelangebot unserer modernen Gesellschaften beschränkt sich in der Tat nicht darauf, die zum Leben notwendigen biochemischen Inhaltsstoffe bereitzustellen. Wir werden mit gastronomischen Objekten konfrontiert, die von Mythen und fingierten Erzählungen durchdrungen sind, einzig mit dem Ziel, Konsumentengemeinschaften hervorzubringen. Deshalb lädt sich Ronald McDonald (die von einem Schauspieler verkörperte Figur des Unternehmensgründers) selbst zu Geburtstagsfeiern für Kinder ein, die von McDonald's veranstaltet werden. Sein Auftreten dient dem Zweck, die unangenehme Erfahrung, die aus dem Verzehr der mittelmäßigen Nahrung resultiert, dank der Begegnung mit dem Mythos in eine ästhetische Erfahrung zu verwandeln. Kunst kennt die unterschiedlichsten Anwendungsformen; sie ist kein Wert an sich. In unserer *Design*-Welt ist sie die »Pappnase«, die Fiktion, die die verabscheuungswürdigen Aspekte unseres Konsumverhaltens verschleiert.

Im heutigen digitalen Zeitalter werden wir letztlich ständig mit Kunstwerken in Form von *Design* konfrontiert, ob es sich um etwas Materielles – Apple ist hier das Paradebeispiel – handelt, oder um die grafische Gestaltung von Webseiten und Werbung im Internet.

Angesichts dieser Allgegenwärtigkeit der Kunst werde ich in diesem Essay die folgende Frage behandeln: Wie ist die Kunst so mächtig geworden, dass wir unfähig geworden sind, uns eine Wirklichkeit vorzustellen, die nicht von ihren Parametern bestimmt wird?

In der Welt der Objekte, die uns umgeben, ist Kunst tatsächlich die Regel und nicht die Ausnahme. Das geht so weit, dass sich einige Menschen fragen, ob Kunst nicht Ausdruck eines noch mächtigeren Etwas ist; eines Etwas, das sich ausbreitet, indem es sich mit dem Antlitz der Kunst maskiert. Eine Hypothese besagt, dass eine solche Kraft, welche die Kunstwelt im Verborgenen lenkt, das Kapital beziehungsweise der Kapitalismus sei – im marxistischen Sinne eine durch Ausbeutungsstrukturen produzierte Akkumulation von Reichtum. Solche Strukturen könnten nur funktionieren, wenn sie unsichtbar gemacht würden. Die Funktion der Kunst bestünde dann genau darin, die Produktionsbedingungen der materiellen Güter zu verschleiern, indem sie jene ästhetisch verschönert. Würde sich diese Hypothese bewahrheiten, müsste man die Kunst als Ganzes infrage stellen und in allen ihren Facetten verwerfen, um ein Zeichen des Widerstands gegenüber dem Unrecht der soziopolitischen und ökologischen Herrschaftsbedingungen unserer Zeit zu setzen.

Ich lehne diese Hypothese ausdrücklich ab. Die Kunst wird, wie ich im Folgenden zeigen werde, nicht von fremden und entfremdenden Kräften kontrolliert, die unter ihrem Deckmantel agieren. Kunst ist tatsächlich unkontrollierbar. Niemand, nicht einmal die Künstler selbst, sind in der Lage, ihre Geschicke zu lenken. Und ich gehe sogar noch weiter: Die Kunst kontrolliert uns, ohne dabei ein spezifisches Interesse zu offenbaren; sie ist jene Superintelligenz, vor der es zahlreichen Kritikern der digitalen Technologien graust.[2] Seit den Höhlenzeichnungen von Lascaux, Altamira usw. hat die Kunst Besitz vom menschlichen Geist ergriffen. Sie spielt sich in unserem Selbstsein ab, wie ein Softwareprogramm auf einem Computer. Besser noch: Der Emergenz der Kunst ist es zu verdanken, dass wir zu Menschen geworden sind, das heißt zu Wesen, die ihr Leben nach einem Bild des Menschen führen, der seinen Platz zwischen seinen Artgenossen, d. h. der Fauna, der Flora und den Gestirnen hat.[3] Lassen Sie mich das genauer erklären: Bevor ihm die Wissenschaft dazu verhalf, seinen Platz im Universum zu verstehen, dachte der moderne Mensch, dass ihm ein besonderer Platz auf der Erde, in der Ordnung der Dinge, zustünde. Dieser spezielle Status gründete sich auf der Idee von Göttern, dann auf der Idee eines einzigen Gottes.

Doch selbst nach dem »Tod Gottes«, im postmodernen Sinne, dass dieser keine zentrale Rolle mehr in unserer Konzeption des Menschseins spielt (jedenfalls für viele Leute), bleibt eine Spur dieser mythischen Epoche erhalten: die Idee, dass wir eine besondere Stellung einnehmen;

in diesem Fall unsere Fähigkeit, uns als etwas Besonderes zu denken. So viel wir wissen, denkt sich kein anderes Tier Theorien über das Universum aus. Deshalb haben auch wir postmodernen Menschen gute Gründe, den Humanismus unserer Vorfahren weiterleben zu lassen. Menschen sind etwas Besonderes aufgrund eines Ereignisses, das den Beginn der Geschichte des menschlichen Geistes markiert. Doch es sind nicht die Götter, die uns zu Menschen gemacht haben. In diesem Essay werde ich die Idee verteidigen, dass es die Kunst ist, die am Anfang der Menschheit, unserer eigenen Vorstellung von uns selbst als besonderem Tier steht. Es ist nämlich kein Zufall, dass gerade der Ausdruck der »Künstlichen Intelligenz« die Idee der Kunst enthält. Die Tatsache, dass wir Menschen schon immer künstliche Intelligenzen gewesen sind, ist allerdings bis jetzt unbemerkt geblieben. Das menschliche Denken wurde von den Erzeugnissen unserer Vorfahren (Werkzeuge, Gemälde, Schmuck, Tätowierungen, Kleidung) geprägt; diese Gegenstände haben sich der menschlichen Vorstellungskraft bemächtigt, die sich daraufhin ihrerseits daran gemacht hat, erstere weiterzuentwickeln.

Die Geschichte selbst ist im Grunde eine Geschichte der Kunst, und sie ist mächtiger als jeder Einzelakteur oder jede Institution, die versuchen, sie unter ihre Kontrolle zu bringen. Was immer auch Macht über unsere Vorstellungskraft hat, hat damit absolute Macht über uns selbst. Daher rührt die stets allgegenwärtige Macht Gottes. Letztlich bleibt es unerheblich, ob Gott außerhalb der menschlichen Vorstellungskraft existiert oder nicht. Falls Gott nicht außerhalb der Vorstellungskraft der Menschen existiert, wie es die Atheisten behaupten, so durchdringt die Idee Gottes dennoch den menschlichen Geist. Ideen können sehr einflussreich sein, selbst wenn sie für nichts in der materiellen raumzeitlichen Wirklichkeit stehen. Denken wir zum Beispiel an Zahlen oder an Erinnerungen. Nirgendwo im Universum sehen wir Zahlen. Die Zahl 3 hat kein faktisches Zuhause. Das gleiche gilt für unsere Erinnerungen. Sie haben mit realistischen Fotografien nichts gemeinsam. Nichtsdestotrotz gäbe es ohne Zahlen oder Erinnerungen keine menschlichen Gesellschaften.

Die Geschichte der Vorstellungskraft ist folglich keine Geschichte von Fehlschlüssen. Sich etwas vorzustellen ist insofern nicht dasselbe, wie einen Irrtum zu begehen. Die Vorstellungskraft ist nicht einfach ein Nichts. Ihre Funktion ist nicht, wie Jean-Paul Sartre glaubte, eine Materialisierung dieses Nichts.[4] Die Vorstellungskraft transzendiert die Wirklichkeit nicht; sie kann sie nur aus ihrem Inneren heraus verändern. Was wir uns vorstellen, ist in der Art und

Weise wirklich, in der wir es uns vorstellen. Ansonsten würden wir träumend die Wirklichkeit verlassen. Unsere Gedanken, unsere Träumereien und die von Kunstwerken bewirkte ästhetische Erfahrung setzen uns entschieden mit etwas Wirklichem in Verbindung, da die Kunstwerke oder die in den Träumen verarbeiteten Erinnerungen der Wirklichkeit etwas hinzufügen, und ihr nicht etwa etwas wegnehmen.

Die Vorstellungskraft als solche ist ein Bereich der Wirklichkeit. Deshalb ist das Insistieren darauf – wenn man dem Beispiel der Marxisten (Richard Dawkins) oder Neoatheisten (Daniel Denett) folgt –, dass Gott ein Produkt der Vorstellungskraft ist, als Einwand gegen die Religion wenig hilfreich. Denn »Gott« könnte sehr wohl der Name der mächtigsten Idee sein, die es gibt: ein harter Kern, aus dem Herzen der Vorstellungskraft. Das ist offensichtlich dasjenige, was die Gläubigen denken. Wir wissen nur zu gut, dass es in absoluten Zahlen nie mehr Gläubige als heutzutage gegeben hat.

Doch lassen Sie uns dabei nicht vergessen: Ein jeder Monotheismus lehrt, dass der Mensch nach Gottes Bild geschaffen wurde, das heißt, als eine Art künstliche Intelligenz, die in den menschlichen Körper implementiert wird, was sich mit dem Aufspielen einer Software auf einen Computer vergleichen lässt. Die Vorstellung des Menschseins ist folglich die Vorstellung von einer künstlichen Intelligenz, also die der Kunst.

Als postmoderne Menschen sind wir in jüngerer Zeit Zeugen eines Prozesses der zunehmenden Ästhetisierung unserer Alltagswelt und -gegenstände geworden. Offensichtlich kaufen wir nicht einfach Autos, Wohnungen und *Smartphones* allein aufgrund ihres Gebrauchswerts. Die strategische Allianz aus *Design*, Kunst und Schönheit lädt uns vielmehr dazu ein, Konsumenten von Luxusprodukten zu werden. Gleichzeitig verwandelt sich die Kunst, selbst in ihrer reinsten Form, in einem sich seit den 1960er Jahren rapide beschleunigenden Prozess in ein Produkt, dessen exorbitanter Tauschwert sich proportional zum stetigen Marktwachstum entwickelt.[5] Dieser Kunstmarkt reicht weit über die bekannte traditionelle Verbindung zwischen Kunst und Macht hinaus. Tatsächlich leistete die Kunst in ihrer klassischen Form der Moderne einen Beitrag zur Manifestation von Macht und zur Strukturierung der symbolischen Ordnung von Öffentlichkeit. Von den Renaissancemäzenen über die französischen Königshäuser bis hin zu den demokratischen Museen, die allen Bürgern offenstanden, haben alle diese Akteure versucht, die Kunst in einem Kontext zu instrumentalisieren, der die interne und autonome Struktur eines Werkes überstieg. Der Kunsttheoretiker Wolfgang

Ullrich behauptet sogar, dass die moderne Kunst immer schon der Macht und der Politik unterworfen gewesen sei und folglich niemals rein als *l'art pour l'art* verstanden werden könne. Ihm zufolge ist der Kontext, in welchem Kunst geschaffen und ausgestellt werde, viel mächtiger als die Kunst selbst, welche kein eigenes autonomes Wesen besitze. Ich denke, er hat Unrecht. Die Kunst hat ein Wesen und dieses Wesen steht in permanentem Konflikt mit anderen Kräften.

Allerdings haben die Superreichen seit kurzem eine neue Elite aus Sammlern und Händlern geformt. Dieses Phänomen aktualisiert und verschärft eine sehr alte Fragestellung: In welchem Verhältnis stehen Kunst und Macht zueinander? Kontrollieren an sich ästhetisch neutrale Mächte die Kunst? Anders gefragt: Ist die Kunst autonom oder hängt sie, was ihre Existenz als auch ihren ästhetischen Gehalt anbelangt, von rohen Kräften ab, die dem ideologischen Anschein nach in den Kunstwerken zum Ausdruck kommen?

Ich vertrete hier die etwas überraschende These, dass die Kunst die Macht kontrolliert. Das Kunstwerk ist von Natur aus zu einem solchen Grade autonom, dass die sogenannte Kunstwelt es niemals beherrschen wird. Um zu begreifen, warum das so ist, müssen wir die heutzutage gemeinhin praktizierte Philosophie der Kunst auf den Kopf stellen. Dies setzt voraus, dass wir ein Postulat hinter uns lassen, das Schuld an einem fundamentalen Denkfehler hat, in welcher Art und Weise wir heutzutage die Kunst und ihre Beziehung zur Macht verstehen.

Dieses Postulat besteht in der Vorstellung, dass der Wert der Kunst im Auge ihres Betrachters liegt. Benennen wir es, bevor wir es auseinandernehmen: Es handelt sich bei diesem Postulat um den *ästhetischen Konstruktivismus*. Der ästhetische Konstruktivismus ist der Glaube, demzufolge Kunstwerke von Kräften hervorgebracht werden, die weder ästhetisch noch künstlerisch sind.

In seinem einflussreichen Aufsatz »The Artworld« unterstreicht der amerikanische Philosoph Arthur C. Danto, dass Kunstwerke ihrem Wesen nach integraler Bestandteil der Kunstwelt sind.[6] Die Kunstwelt umfasst die Künstler, die Kunstkritiker, die Museen, die Kunsthändler, die Kunsthistoriker, bis hin zu den Produzenten der Rohmaterialien, die von den Künstlern zu Kunstwerken verarbeitet werden. Danto ist der Meinung, dass es keine Kunstwerke außerhalb dieser Kunstwelt gibt. Es ist die Kunstwelt, die Kunstwerke in dasjenige verwandelt, was sie schließlich sind. Ziehen wir ein einfaches Beispiel heran: Stellen Sie sich vor, dass Sie vor Kasimir Malewitschs *Schwarzem Quadrat* in der Tretjakow-Galerie in Moskau stehen. Wechseln wir nun den Kontext: Stellen Sie sich vor, dass Sie sich in einer Fabrikhalle vor einer Reihe von Objekten befinden, die allesamt und haargenau dem *Schwarzen Quadrat* gleichen, jedoch mit dem einzigen Unterschied, dass diese Objekte nicht als Kunstwerke konzipiert wurden, sondern zur Herstellung neuer Waffen verwendet werden. Durch simple Gedankenexperimente wie diese demonstriert Danto seine grundlegende Idee, nach der ein Objekt, welches den äußerlichen Anschein eines Kunstwerkes erweckt, nur dann als eines verstanden werden kann, wenn es durch seinen Kontext als ein eben solches definiert wird. Das setzt also voraus, dass der Kontext, also die Kunstwelt, letztlich darüber entscheidet, ob irgendein wahrnehmbarer Gegenstand, wie zum Beispiel das Gemälde eines *Schwarzen Quadrats*, tatsächlich als ein Kunstwerk begriffen werden kann.

Bevor ich diesem Gedankengang eine Alternative gegenüberstelle, schauen wir uns ein anderes berühmtes Beispiel an, das Dantos Argument zu stützen scheint: Marcel Duchamps Arbeit *Fountain* (Pissoir). Hier wie im Vorherigen leitet sich die gängige Interpretation des Werkes von der Beobachtung ab, dass ein Alltagsgegenstand, ein *Objet trouvé* wie beispielsweise ein Pissoir, nur im Kontext der Kunstwelt zu einem Kunstwerk wird. Der Unterschied zwischen einem Pissoir in den Museumstoiletten und dem, welches Duchamp in seiner Ausstellung präsentierte, liegt sicher nicht in ihrem Material. Auf materieller Ebene wären die beiden Pissoirs, die in der gleichen Fabrik und für den gleichen Nutzen produziert worden sind, unmöglich voneinander zu unterscheiden. Folgt man nun dem ästhetischen Konstruktivismus, ist es die Tatsache, dass das Pissoir Duchamps beispielsweise im Museum Maillol ausgestellt worden ist, was es in den Status eines Kunstwerkes erhebt, während das andere Pissoir im Sanitärbedarfshandel zu erwerben ist.

Dieses Kunstverständnis gilt heutzutage nahezu als selbstverständlich. Ständig hört man Äußerungen, dass zeitgenössische Kunst offensichtlich leicht herzustellen sei und dass sie ihren besonderen Status (sowie ihren Marktwert) nur dadurch erhalte, dass Personen und Institutionen zeitgenössische Kunst *ad hoc* ausstellen, bewundern, interpretieren, kaufen, produzieren oder verkaufen. Anders gesagt: Der Wert der Kunst bestimmt sich durch ihren jeweiligen Kontext.

Es handelt sich offenkundig um eine Spielart der ebenso berühmten wie unzutreffenden ökonomischen Werttheorie, nach welcher der Tauschwert eines Zahlungsmittels nicht mehr als die Funktion eines Aushandlungsprozesses ist. Ein Fünf-Euro-Schein besitzt an sich nicht den Wert von fünf Euro. Der Wert des Papiers, der Tinte usw., die zu seiner Herstellung benötigt werden, beträgt keine fünf Euro. Das, was Sie sich für fünf Euro kaufen können, das, was Ihr Geldschein wert ist, leitet sich vielmehr aus dem Tauschwert sowie aus mehr oder weniger zufälligen Werten ab, die an den Wertformen hängen, für die Sie Ihren Schein eintauschen können. Grundsätzlich ist dies die Argumentation, welche zur bekannten marxistischen Unterscheidung zwischen Gebrauchs- und Tauschwert führt. Wenn Sie hungrig sind, können Sie die Nahrungsmittel verspeisen, die sie für fünf Euro eingekauft haben. Hingegen würde es Sie nicht sättigen, den Fünf-Euro-Schein zu verspeisen. Der Tauschwert ergibt sich folglich aus dem Gesetz von Angebot und Nachfrage. Doch im Wirtschaftskontext hat das Geld aus dem simplen Grund einen Tauschwert, weil wir von einer ausreichenden Anzahl an einflussreichen Personen und Institutionen davon überzeugt worden sind, dass dieses Geld überhaupt irgendeinen Wert besitzt. Dabei bleibt festzuhalten, dass es schwerfallen würde, sich vorzustellen, was wir mit dem Berg aus Papiergeld, Altmetall und Plastik-Kreditkarten machen würden, wenn wir aufhören würden, daran zu glauben, dass sie einen Tauschwert besitzen.[7]

Ich werde nun die Postulate des ästhetischen Konstruktivismus durch eine radikale Alternative ersetzen. Diese Alternative besteht in der Anwendung des Neuen Realismus auf die Philosophie der Kunst, sie ist ein neuer ästhetischer Realismus. Der Neue Realismus, eine globale Bewegung in der zeitgenössischen Philosophie, stellt, kurz gesagt, die Behauptung in Frage, nach der die Wirklichkeit als mentales menschliches Konstrukt – in Form von Diskursen, Machtstrukturen, Überzeugungen usw. – aufgefasst werden muss.[8] Doch wenn wir keinen guten Grund haben, zu denken, dass die Wirklichkeit eine Konstruktion sei, warum sollten wir dann an der Vorstellung festhalten, dass Kunstwerke Konstruktionen sind?

Um dem allgemeinen Trend, die Kunst in konstruktivistischen Begriffen zu denken, ein Ende zu setzen, hilft uns die Erinnerung daran, dass die Kunstgeschichte und -philosophie über lange Zeit das Charakteristikum eines gelungenen Kunstwerkes, mit anderen Worten: seine Schönheit, nicht auf menschliche Einwirkung zurückgeführt hat. Nach einer Denktradition, die auf Platon und Aristoteles zurückgeht, hat sich die Philosophie der Kunst ganz im Gegenteil damit befasst, das wahrhaft Schöne in der Wirklichkeit selbst ausfindig zu machen. Warum sollten wir also denken, dass Kunstwerke Konstruktionen sind?

Die Denkströmung, die hinter dem ästhetischen Konstruktivismus steht, ist der moderne Nihilismus, dessen Weltsicht die Menschheit noch immer stark beeinflusst. Der moderne Nihilismus behauptet, dass die Wirklichkeit selbst nur Gegenstand der Naturwissenschaften sein kann. Das, was wirklich ist, was real ist, ist für unsere Sinne nicht direkt zugänglich. Dem modernen Nihilismus zufolge bringen unsere Sinne niemals die Wirklichkeit, wie sie ist, ans Licht: sie verzerren und verschleiern sie. Für den Nihilisten ist die wirkliche Welt die farblose Welt der reinen Physik: Elementarteilchen im Nichts. Wenn nur das real ist, was von der Physik beschrieben wird, dann sind Kunstwerke folglich kein realer Teil der Wirklichkeit. Indem sie vor allem an unsere Empfindsamkeit appellieren, lassen sie sich nicht einfach auf das Material reduzieren, aus dem sie geschaffen wurden.

Claude Monets *Impression, Sonnenaufgang* ist dementsprechend nicht nur eine beliebige Materialassemblage. Das Werk hinterlässt einen nachhaltigen Eindruck, indem an unsere Empfindsamkeit rührt. Es affiziert uns umso stärker, je mehr wir uns ihm aus unterschiedlichen Perspektiven nähern, um die Macht der Kunst zu begreifen, uns die Dinge anders sehen zu lassen. Es scheint, als ob Monet Zugang zu einer Wirklichkeit gehabt hätte, die er dem Betrachter offenbart, aber die er genau genommen nicht selbst produziert hat. Er bringt vielleicht ein Gemälde hervor, aber er stellt nicht die Bedingungen her, unter denen wir den ästhetischen Wert des Gemäldes erfassen. Man kann keinen ästhetischen Wert herstellen. Monet kann nicht meine Eindrücke, meine psychische Verfassung erzeugen. Der Künstler selbst kann weder die ästhetische Erfahrung vorhersehen noch erzeugen, die ich bei meiner subjektiven Wertschätzung des Werkes empfinde. Niemand hat die Macht, exakt vorherzusagen, was jemand, der ein Werk betrachtet, empfinden wird, wenn er mit ihm konfrontiert ist.

Zu sagen, dass Monet Schönheit erschaffe, ergibt keinen Sinn. Bestenfalls produziert er etwas Schönes. Hierbei entsprechen »schön« oder »Schönheit« einer ästhetischen Norm, als deren Antonyme »hässlich« oder »Hässlichkeit« gelten. Beachten Sie jedoch, dass ein nach nicht-künstlerischen Normen hässliches Objekt (zum Beispiel Pablo Picassos Frauenzeichnungen) im Sinne der Philosophie der Kunst dennoch schön sein kann. Die Schönheit ist kein psychologisches Konstrukt, das sich auf etwas, was die menschlichen Tiere schätzen, reduzieren ließe. Für die Philosophie der Kunst, der ich mich verschreibe, bedeutet Schönheit Gelingen.

Es ist allgemein bekannt, dass die moderne Philosophie, mit Immanuel Kant und seinen Vorgängern aus dem 18. Jahrhundert (insbesondere David Hume) die Philosophie der Kunst in die Ästhetik überführt hat. Die Ästhetik ist die philosophische Disziplin, die von der Wahrnehmung (*aisthêsis*) handelt. Nach Kant lehren uns Kunstwerke (oder vielmehr alles Erhabene oder Sublime) im Wesentlichen etwas über die Art und Weise, wie wir etwas wahrnehmen. Folglich heißt ein Kunstwerk wahrnehmen, etwas von der Wahrnehmung wahrzunehmen. Dies ist die subtile kantische Version der abgedroschenen Ansicht, nach welcher Gegenstände oder Individuen nicht an sich schön sind, sondern die Schönheit im Auge ihres Betrachters liegt. Wir wissen alle, dass wir die Person schön finden, in die wir verliebt sind, und dass es sein kann, dass sich ihr glänzender Firnis im Falle einer Trennung in Luft auflösen wird. Ebenso sind wir alle schon Zeugen von Verliebten gewesen, die das Objekt ihrer Zuneigung verklärt haben.

So weit so gut. Kant gibt dieser trivialen Beobachtung eine interessante Richtung, wonach uns Kunstwerke nicht etwas von der Wirklichkeit, wie sie ist, offenbaren, sondern uns vielmehr über unsere Art und Weise lehren, besagte Wirklichkeit zu erfassen. Wenn wir ein Kunstwerk treffend interpretieren, lernen wir also etwas über die Weise, in der wir es betrachten, anhören oder goutieren; kurz gesagt: darüber, wie wir die Dinge empfinden. Die Eulen Bernard Buffets beispielsweise sind nicht einfach Bilder von Eulen. Es sind Darstellungen der Art und Weise, wie wir Eulen darstellen. Zu behaupten, dass ein Kunstwerk gelungen ist, dass es verdient, als Kunst bezeichnet zu werden, d. h. also ein Urteil zu fällen, ob ein Kunstwerk schön ist, bedeutet folglich, etwas über die Art und Weise zu lernen, wie wir die Dinge, zum Beispiel Eulen, betrachten. In der Kunst »sind die Eulen nicht, was sie scheinen«, um den berühmten Satz aus *Twin Peaks* zu zitieren. In einem Kunstwerk sind Eulen keine Eulen und Pfeifen keine Pfeifen, worauf René Magritte mit seinem berühmten Gemälde *La trahison des images* verweist. Nach der noch heute vorherrschenden kantischen Tradition ist eine gemalte Eule keine weitere Eulenart (keine kürzlich entdeckte neue Spezies). Ausgehend von dieser trivialen Beobachtung argumentiert die Tradition nach Kant, dass Kunstwerke in Wirklichkeit nie von der Wirklichkeit handeln (von Eulen, Luftangriffen auf Guernica, Pariser Boulevards), sondern immer nur von unserer Art und Weise, sie wahrzunehmen. Kant reduziert die Kunst auf den Eindruck, den sie beim Betrachter hervorruft, wohingegen es völlig unklar bleibt, wie das Werk seine Macht auf unsere ästhetische Erfahrung ausübt.

Allerdings wird man sehen, dass dies nicht der Wahrheit entsprechen kann. Genauso wie Eulen, Pariser Boulevards, Fingernägel, Polarbären oder Emmanuel Macron findet man tatsächlich ebenso Kunstwerke in der Realität. Das gleiche gilt für die menschliche Wahrnehmung. Die menschliche Wahrnehmung beobachtet nicht die Wirklichkeit von anderswo her. Wir können Gegenstände nicht wahrnehmen, außer wir befinden uns in demselben Bereich wie diese, – in den Worten meines philosophischen Vokabulars – in demselben Sinnfeld. Ein Sinnfeld ist eine Gegenstandsmenge, die auf eine bestimmte Weise erscheint. Zum Beispiel unterliegt Paris einer Struktur, für die mehrere Gegenstände eine Rolle spielen: die Metro, der Bürgermeister, die Vorschriften, die Architektur, die Restaurants, die Gerüche, die Touristen, die Kathedrale, das Wetter, die Abwasserkanäle, die Vororte, die Werke usw. Diese Gegenstände artikulieren sich in je unterschiedlicher Weise. Eine Vorschrift reglementiert beispielsweise die Lebensmittelproduktion; die Metro transportiert Touristen; die Architektur beeinflusst unsere Fortbewegungsweisen usw. Die Bedeutung von Paris stellt sich folglich auf verschiedenste Weise her. Es gibt unendlich viele Sinnfelder. Dies ist insofern wahr, weil wir die Wirklichkeit auf diese oder jene Weise wahrnehmen, aber nicht nur das: Die Wirklichkeit selbst ist unendlich komplex, eine Schlussfolgerung, die wir aus der Existenz des Unendlichen in der Mathematik ableiten können. Die hier vorliegenden Anordnungen von Gegenständen nenne ich Sinnfelder. Es ist jedoch wichtig, im Kopf zu behalten, dass wir nicht Schöpfer aller Sinnfelder sind. Wir erzeugen weder Masse noch *Spin* der Elementarteilchen, noch die Anzahl der Galaxien oder mathematische Wahrheiten. Nicht alles, was existiert, ist ein menschliches Produkt oder ein Werk. Zahlreiche Gegenstände und Sinnfelder sind einfach da: nackte Fakten der Wirklichkeit, die wir in keinster Weise verändern können. Wir sind also nicht fähig, zwischen dem Geist auf der einen Seite und der Welt auf der anderen Seite zu unterscheiden. Im Gegenteil sollten wir uns bemühen, zu verstehen, dass der Geist ein Sinnfeld ist, dass die Wirklichkeit als aktiver Teil der Realität existiert, um uns schlussendlich vom Phantasma einer »extramentalen« Wirklichkeit, die außerhalb unseres Geistes liegt und vorgibt, was Existieren und wirkliches Sein bedeuten, loszumachen. Denn gerade dieses irrige Vorurteil macht uns gegenüber der Macht der Kunst blind.

Die entscheidende Prämisse der kantischen Ästhetik ist Teil desselben grundlegenden Irrtums der modernen Philosophie: den Geist gegen die Welt auszuspielen, zu glauben, dass die Welt »da draußen« in Wirklichkeit »eine Welt ohne Zuschauer« sei. In diesem Zusammenhang postuliert Kant, dass wir dank der Kunstwerke und anderer schöner Gegenstände der wahrnehmbaren Wirklichkeit etwas über uns selbst in der Eigenschaft als außenstehende Wesen gegenüber der wahrnehmbaren Wirklichkeit lernen. Selbst wenn ich eingestehe, dass wir nicht einfach empfindsame Körper in der physischen Wirklichkeit sind, dass wir Menschen qua Essenz den sinnlichen Bereich transzendieren, sollte uns das nicht zu der falschen Annahme verleiten, dass Kunstwerke nicht mit einer tatsächlich wahrnehmbaren Wirklichkeit verknüpft wären.

Das bringt uns zu der Frage nach der Bedeutung von »Wahrnehmung«. Was ist Wahrnehmung und was ist ihre Beziehung zur Kunst? Worin liegt die Beziehung zwischen Wahrnehmung und Kunst?

Hier müssen wir zwei Modelle unterscheiden. Das erste, welches fehlerhaft ist, gehört zur Phänomenologie. Daher werden wir es das *phänomenologische Modell* nennen. Nach diesem Modell verweist uns die Wahrnehmung von Gegenständen auf die Schatten oder *Abschattungen* der Dinge selbst. Anders gesagt: Wenn ich einen Tisch aus einer bestimmten Perspektive betrachte, dann verdecke ich damit andere Perspektiven. Unsere Wahrnehmung erlaubt uns niemals, den Tisch in seiner perspektivischen Gänze zu erfassen, weil die einzige Art und Weise, uns den Tisch visuell vorzustellen – was bestenfalls eine Sichtweise auf ihn ist – ihn gegenüber unserer Wahrnehmung verdeckt.

Die fundamentale Kehrseite dieses Modells ist, dass es den Skeptizismus nährt, indem es denjenigen Argumente liefert, die unser Vermögen leugnen, Gegenstände tatsächlich oder direkt wahrnehmen zu können. Im Hinblick darauf behauptet der Skeptizismus, dass wir niemals etwas über Gegenstände wissen können, sofern wir uns einzig auf unsere sinnliche Wahrnehmung stützen. Halten wir fest, dass die Mehrheit der gegenwärtigen philosophischen Betrachtungen, die sich unter dem Begriff des »spekulativen Realismus« versammeln, genau diesen skeptischen Ansatz der Phänomenologie entlehnen, selbst wenn sie sich eigentlich darum bemühen, sich von diesem loszusagen. Beispielsweise gesteht der Philosoph Quentin Meillassoux in seinem einflussreichen Werk *Nach der Endlichkeit* der Erkenntnis auf der Grundlage der Wahrnehmung keinerlei Funktion zu, sondern definiert die Wirklichkeit als eine

Sache, die prinzipiell nicht wahrgenommen werden kann.[9] Auch Graham Harman, der in der zeitgenössischen Kunstwelt stark rezipiert wird, spricht uns das Vermögen ab, irgendetwas über Gegenstände, wie sie an sich sind, zu erkennen, weil sich diese unserem Versuch entziehen, begriffen zu werden.[10] Auf die Philosophie der Kunst angewandt bedeutet dies, dass die Ästhetik uns niemals in Beziehung zur Kunst, so wie sie wirklich ist, oder zur *Kunst an sich*, wie ich es nenne, setzen kann. Daher, folgt man dem phänomenologischen Modell, ist die Kunst an sich nicht wirklich Teil der Realität; sie ist nicht mehr als eine Szene, die unsere vermeintliche Unfähigkeit zelebriert, die Dinge wahrzunehmen, wie sie sind.

Im Grunde genommen verachtet die Phänomenologie unsere Empfindsamkeit und spricht ihr hinsichtlich unserer Art und Weise, mit der Wirklichkeit in Kontakt zu treten, zu wenig Einfluss zu. Daraus resultiert dann die skeptische Haltung, nach welcher wir Gegenstände nicht tatsächlich wahrnehmen können. Dies ist allerdings aus einem einfachen Grund zutiefst falsch, da wir Gegenstände durchaus wahrnehmen und dank unserer Wahrnehmung viel über diese Gegenstände lernen können. Was ich wahrnehme, wenn ich einen Tisch sehe oder die Schritte meiner Frau höre – Überraschung! – sind dementsprechend der Tisch oder die Schritte meiner Frau. Und genauso ist das, was ich wahrnehme, wenn ich Picassos *Taube* wahrnehme, die *Taube* Picassos.

Natürlich gibt es einen grundlegenden Unterschied zwischen dem Wahrnehmen irgendeines Tisches, dem Anhören eines Werkes von Olga Neuwirth oder dem Anschauen von Pina Bauschs *Arien*. Wie wir später sehen werden, liegt der Unterschied im Objekt und nicht im Subjekt, also in dem, was wir wahrnehmen, und nicht in der Tatsache des Wahrnehmens selbst. Kunstwerke unterscheiden sich kategorisch von gewöhnlichen, wissenschaftlichen oder anderen Gegenständen dadurch, dass sie in die Wahrnehmungsbeziehung in einer Weise eintreten, dass sie sich selbst wahrnehmen. In einem bestimmten Sinne verfügen Kunstwerke über die Fähigkeit, sich selbst zu denken. Diese Fähigkeit drückt sich aus, wenn wir über die Kunstwerke nachdenken. Man kann das an einem einfachen und berühmten Beispiel illustrieren: Auguste Rodins *Denker* hat das Aussehen einer Bronzestatue, die eine bestimmte Form eingenommen hat. Die Bronze denkt nicht. Die bronzene Statue, die Sie bewundern, hat dementsprechend offenkundig keine Wahrnehmungsfähigkeit. Und sie bringt Sie dennoch zum Nachdenken, sobald Sie sich fragen, was dieses sonderbare

Werk bedeuten soll. Dieses Werk löst in ihnen Gedanken aus und beginnt so über sich selbst nachzudenken. Die Kunst benutzt unser Nervensystem und unseren Geist, um sich selbst zu verwirklichen. Ich werde gleich genauer darlegen, was dies bedeutet.

Nach einer groben Darstellung des zweiten Wahrnehmungsmodells werden Sie besser verstehen, worauf ich hinauswill. Ich nenne es *das Modell des Neuen Realismus*. Es ersetzt die Vorstellung eines Schattens durch diejenige eines *Abstrahlungsfeldes*. Nehmen wir ein Beispiel: Während eines schönen Septembernachmittags in Sanary-sur-Mer sehen Sie die Sonne. Der Phänomenologe würde gleich einwenden: Sehen Sie *wirklich* die Sonne? Das, was Sie dort oben am Himmel erblicken, ist eine Sache, die Sie mit einem Sonnenschirm, sogar mit Ihren Händen verdecken könnten. Doch selbstverständlich ist es unmöglich, die Sonne mit einem Sonnenschirm oder den eigenen Händen zu verdecken. Dafür ist sie viel zu riesig. Gibt es hier folglich nicht irgendeine Sache, die wir wahrnehmen, ohne direkt die Sonne wahrzunehmen? Was ist das für ein Ort am Himmel, den wir »die Sonne« nennen und wo genau befindet er sich?

Der Neue Realismus schlägt eine ganz einfache Überarbeitung dieses Problemverständnisses vor. Denken Sie an die Sonne von einem physikalischen Standpunkt aus, wie zum Beispiel an ein elektromagnetisches Feld. Die Sonne kann unsere Wahrnehmungssensoren (unsere Haut, unsere Nervenenden usw.) nur affizieren, weil sich dieses Feld bis hin zu uns ausbreitet. Wir nehmen es als Tageslicht wahr. Dieses Tageslicht ist nur möglich, weil sich die Sonne gerade in ihrer Eigenschaft als Feld weder dort oben am Himmel (was in jedem Fall kein physischer Ort ist), noch nah oder fern vom Zentrum des Sonnensystems befindet. Die Sonne ist in diesem Sinne kein Zentrum, da es sich bei ihr um ein Feld handelt, dessen Intensität sich mit dem Ort verändert, von dem aus man die Feldeigenschaften misst. Unsere Wahrnehmung bemisst die Eigenschaften des Sonnenfelds anhand unserer Verortung in diesem Feld. Mit anderen Worten: Wir sind in der Sonne! Die Erde ist nicht sehr weit von der Sonne entfernt, aber doch von einigen Prozessen innerhalb der Sonne. Beispielsweise ist einer ihrer bewohnbaren Abschnitte unser Standort innerhalb der Sonne. Was ich am Himmel verdecke, was ich aus meinem Sichtfeld ausschließe, ist folglich weder die Sonne noch ihr Zentrum: Es ist eine Wahrnehmungsillusion, welche durch die Interaktionen unzähliger physischer Kräfte und Prozesse produziert wird, natürlich miteingeschlossen die physischen Kräfte und

Prozesse, die in meinem eigenen Körper am Werk sind. Wahrnehmung ist keine externe Beziehung zwischen zwei isolierten Körpern (wie der Sonne und mir), sondern eine intrinsische Verschränkung verschiedener Sinnfelder, die das Phänomen hervorbringt, das wir »Wahrnehmung« nennen. Innerhalb der Struktur dieses Phänomens können wir den Gegenstand der Wahrnehmung – die Sonne selbst – von der Wahrnehmungsillusion unterscheiden, die von den Kräften und Prozessen hervorgebracht wird, welche die Optik, die Geometrie, die Neurowissenschaften, die Medizin, die Psychologie usw. erforschen.

In dieser Hinsicht hat der französische Philosoph Jocelyn Benoist mit Recht unterstrichen, dass es nicht die Wahrnehmungsillusionen sind, die uns täuschen, sondern unsere Interpretation einer Erscheinung wie etwa bei der berühmten optischen Müller-Lyer-Illusion: Gegeben seien zwei gleich lange Strecken. Die Erste ist durch Pfeilspitzen begrenzt, die auf das Innere gerichtet sind und die Zweite durch Spitzen, die wiederum nach außen zeigen. Diese perspektivische Einstellung bringt die Täuschung hervor, dass die erste Strecke kürzer als die Zweite ist. Diesen Mechanismus zu kennen, erlaubt uns jedoch nicht, diese Täuschung aufzuheben. Sie ist integraler Bestandteil unseres Wahrnehmungssystems, dessen sich unser Gehirn bedient, um unsere Bewusstwerdung der Längen zu verarbeiten. Wenn ich glaube, dass die Geraden nicht die gleiche Länge haben, täusche ich mich. Aber die Geraden, die in meiner Wahrnehmung erscheinen, täuschen mich nicht an sich. Ganz im Gegenteil: Dank ihres gleichzeitigen Vorhandenseins mit den von mir wahrgenommenen Gegenständen (die selbst gleich lang sind) bin ich in der Lage, durch diese mehr über die wirklichen Wahrnehmungsgegenstände zu erfahren.[11]

Die zugrundeliegenden physikalischen und natürlichen Kräfte ebenso wie die konstitutiven Prozesse der Wahrnehmung gehören nicht zu einer versteckten oder außerhalb unserer Reichweite liegenden Welt. Im Gegenteil sind sie das Mittel, mit dem wir direkt in Kontakt mit den Dingen selbst, den wahrgenommenen Gegenständen wie der Sonne oder einem Tisch, treten.

Sobald es um Ästhetik geht, verkomplizieren sich die Dinge ein wenig und werden dabei interessanter. Beachten Sie dabei, dass die Wahrnehmung einer Dreiecksbeziehung entspricht: 1) Der wahrgenommene Gegenstand 2) erscheint einem »Wahrnehmenden« 3) in der Form einer Wahrnehmungsillusion. Wir können das ALS eine Eigenschaft des wahrgenommenen Gegenstands verstehen: Dieser hat die Eigenschaft, sich in der Beziehung wiederzufinden, d. h. wahrgenommen zu werden. Das ist ein wirkliches Ereignis und in keiner Weise ein Imaginäres, das unseren körperlosen Geistern entspringt. Die Wirklichkeit ist so strukturiert, dass die Wahrnehmung zum Kern der Dinge vordringt. Zum Beispiel verändert sich die Sonne im wörtlichen Sinne, wenn auch unmerklich, sobald sie wahrgenommen wird. Wir interagieren physisch mit dem Sonnenfeld und verändern es auf unterschiedliche Weisen.

Ersetzen wir nun die physische Sonne durch Monets aufgehende Sonne, den *Sonnenaufgang*. In diesem Fall kann der Gegenstand nicht die Sonne im Sinne eines elektromagnetischen Feldes sein. Diese Sonne hätte nicht in einem Ölgemälde reproduziert werden können. Sie ist kein angemessenes Reproduktionsmaterial und kein Gemälde hat nur im entferntesten Sinne die Größe eines Sonnensystems im astrophysikalischen Verständnis dieses Begriffs. Trotzdem zu sagen, dass Monets Sonne keine Sonne, sondern nur eine Repräsentation oder ein Bild der Sonne sei, wäre eine abwegige Interpretation. Viel sinnvoller wäre es, zu sagen, dass Monets Gemälde tatsächlich von der Sonne handelt, indem es eine Wahrnehmungsillusion in einen Wahrnehmungsgegenstand verwandelt. Wir nehmen in Monets Gemälde unsere Wahrnehmung der Sonne wahr. Das bedeutet, dass wir eine

Beziehung und keinen gewöhnlichen Gegenstand wahrnehmen.

Die ästhetische Erfahrung, das heißt die Wahrnehmung eines Kunstwerkes, ist allgemein eine Wahrnehmungsbeziehung zweiten Grades: eine Wahrnehmungsbeziehung in einer Wahrnehmungsbeziehung.

An dieser Stelle könnte man sich nun fragen, welche Rolle die Interpretation und die Vorstellungskraft im Hinblick auf die Wahrnehmungsbeziehung spielen. Jede Philosophie der Kunst muss die Tatsache berücksichtigen, dass die Art und Weise, wie wir Kunst rezipieren, niemals eine rein auf Wahrnehmung beruhende sein kann. Und dafür gibt es einen sehr guten Grund. Nehmen wir die Musik: Eine Symphonie bewahrt beispielsweise ihre Kohärenz, ohne jemals zu einem Zeitpunkt (*t*) der Wahrnehmung vollständig gegenwärtig zu sein. Um eine Symphonie zu verstehen, beziehungsweise um Musik und nicht einfach Lärm zu hören, muss man die *Komposition* des Stückes nachvollziehen, das heißt die Regel, welche die Reihe der akustischen Phänomene ineinanderfügt. Mit seinem berühmten Stück *4'33"* hat John Cage diese Vorstellung auf die Spitze getrieben, indem er zeigte, dass seine Komposition die Geräusche transzendiert, die man hört, während man dem Konzert beiwohnt. *4'33"* ist kein stummes Musikstück. Es ist eine Komposition, für die wiederum die Geräusche erforderlich sind, die man während des Stückes wahrnimmt, und mit welchen der Künstler oder Musiker in keiner Weise in die rein ästhetisch-akustische Erfahrung eingreift. *4'33"* ist eine reine Komposition und aus diesem Grund eine Darstellung des eigentlichen Wesens der Musik.

Das Kunstwerk wird ausgehend von einer Idee, die verschiedene sinnliche Elemente verbindet, organisiert. Eine Skulptur ist kein Gegenstand, kein Hindernis, das sich zwischen Ihnen und der Mauer des Museums aufrichtet oder dessen Schwierigkeit der Umgehung die Stadtplaner dazu zwingen würde, einen Kreisverkehr wie jenen zu konzipieren, der den Obelisken von Luxor am Place de la Concorde umgibt. Eine ausgestellte Skulptur ist kein vortrefflich geformtes Stück Marmor oder Bronze, sondern vielmehr die Idee, ein bestimmtes Material nach einer immateriellen Idee zusammenzusetzen. Offensichtlich ist das eine der Intentionen von Rodins *Denker*. Im Wesentlichen handelt diese Skulptur, durch die Vermittlung der Verwirklichung einer Idee aus Bronze, von sich selbst. Man beachte dabei, dass diese Skulptur eine Komposition aus geformtem Material sowie einer immateriellen Idee darstellt und dass diese Komposition selbst immateriell ist. Mindestens drei Elemente fließen in das Werk ein: Bronze, seine Form und die Idee. Das Kunstwerk ist auf keines dieser drei Elemente reduzierbar, sondern besteht gerade aus ihrer Komposition selbst; aus dem Kitt, welcher Bronze, Form und Idee zusammenhält.

Wie wir noch im Detail sehen werden, handelt es sich hierbei um den wahren Sinn der Autonomie der Kunst: *Kunst ist radikal autonom, insofern jedes Werk aus einer einzigartigen Komposition einzelner Komponenten (Sinnfelder) besteht.* Deshalb transzendiert Kunst an sich die öffentliche Sphäre und ihr soziopolitisches Gewebe. Sie ist keiner verhaltenspolizeilichen Regel unterworfen, die hingegen zu der soziopolitischen Organisation der Menschen gehört. Kunst an sich ist keine Institution.

Der österreichische Bildhauer Erwin Wurm drückt genau diese Vorstellung durch seine berühmten *One Minute Sculptures* aus.[12] Um sich zu realisieren, benötigen die Skulpturen die Beteiligung des Publikums. Generell präsentiert sich die Ein-Minuten-Skulptur in Form eines Gegenstands, beispielsweise eines großen Pullovers. Dieser liegt auf einem Sockel zusammen mit einer Anleitung, in der man dazu aufgefordert wird, ihn mit einer anderen Person zusammen anzuziehen, so dass man mit dieser Person Ärmel und Kragen des Pullovers teilt. Die Skulptur ist erst fertiggestellt, wenn die entsprechende künstlerische Anweisung befolgt wird. Das belegt, unter anderem, dass die Skulptur trotz ihrer traditionellen, statischen und massiven Erscheinung, nicht aus einem modellierten, einzig vom Künstler erschaffenen Gegenstand besteht. Der

Künstler ist selbst nicht einmal in der Lage, seine Ein-Minuten-Skulptur zu vollenden. In der Tat ist keine Ein-Minuten-Skulptur vollendet, solange die verwendeten Materialien (der Pullover und die Anweisungen, die die Modalitäten der Performance vorgeben) nicht in der vom Publikum vorgefundenen Form dekonstruiert werden. Jedenfalls gibt es immer Platz für eine andere Interpretation, in dem Sinne, dass die »Interpretation« – wie bei einer musikalischen Partitur und ihrer Ausführung – wortwörtlich Bestandteil des Kunstwerkes selbst ist. Die Interpretationen, in einem notwendigen Sinne verstanden, um wiederum die Autonomie der Kunst zu begreifen, sind allerdings weder theoretische Konstruktionen noch gelehrige Kommentare zu diesem oder jenem Werk. Interpretationen sind jedes Mal Beispiele von Performances, Aufführungen.

Erwin Wurms *One Minute Sculptures* stellen diesen Wesenszug von Kunstwerken explizit heraus. Sie zeigen, dass die Skulptur eine Kunstform ist. Um zu existieren, erwartet die Skulptur gleich einer musikalischen Partitur, interpretiert zu werden. Die Skulptur formt nicht irgendein bewegungsloses und passives Material (Bronze, Marmor usw.): Sie setzt eine materielle Performance voraus, ob es sich um die faktische Wahrnehmung einer in Marmor gehauenen Form handelt oder um das, wie im Falle Erwin

Wurms, was wir mit einem vorhandenen materiellen Objekt (Pullover, Tennisbälle, Plastikflaschen usw.) machen.

In diesem Sinne gibt es keinen Unterschied zwischen Wurms Skulpturen und Rodins *Denker*. Bei Rodin versteht es sich von selbst, dass der wahre *Denker* kein rein materielles Stück aus Bronze ist. Der Gedächtnisakt, der durch den *Denker* wiedergegeben wird, ist tatsächlich eine Beziehung zwischen dem Gegenstand aus Bronze und ihrem Empfänger. In dem Moment, in welchem wir uns fragen, was der *Denker* bedeutet, manifestiert dieser Gegenstand aus Bronze die Gedankenbeziehung, die sich zwischen dem, was wir wahrnehmen und unserer Weise wahrzunehmen, äußert: Wir selbst sind der *Denker*, sobald wir die Statue interpretieren.

Ich gehe sogar noch weiter: Es ist selbstverständlich, dass kein Stück aus Bronze denkt. Andernfalls würden wir den Fehler begehen, zu glauben, dass der Gegenstand – oft, aber naiverweise mit der Skulptur verwechselt, (die ausgestellte Sache aus Bronze) – der *Denker* ist. Also müsste das Kunstwerk an sich ein Irrtum sein. Dies entspricht zumindest der traditionellen und falschen Kunstkritik (die man bei Solon, Platon und den monotheistischen Religionen wiederfindet), nach welcher Kunst nur Lüge, Illusion oder Pseudo-Kunst ist. Wir sollten die Kunst nicht verehren, da sie uns in die Irre führt. *Der Denker* ist in keinster Weise ein Denker. Er ist nicht mehr als ein Stück Bronze, das wir zu Unrecht als Denker interpretieren.

Erinnern wir uns hier daran, dass die Wahrnehmung einer Dreiecksbeziehung entspricht. Sie steht zwischen uns und einem gegebenen Gegenstand, indem sie jedoch der Wirklichkeit eine weitere Dimension hinzufügt. Diese dritte Dimension ist die Form der Beziehung; die Form, nach welcher wir Menschen sowie zahlreiche Tiere Gegenstände, wozu beispielsweise auch Farben, Klänge, Gerüche, Konsistenz, Größe, Bewegung usw. zählen, wahrnehmen. Befreien wir uns aus dieser Form, treten wir in eine Beziehung mit demjenigen, was Hegel in einer Passage, in welcher er Kants Theorie der Erkenntnis und Wahrnehmung angreift, mit Ironie einen formlosen »Klumpen« nennt.

> Aber weil doch Objektivität und Halt überhaupt nur von den Kategorien herkommt, dieß Reich aber ohne Kategorien und doch für sich und für die Reflexion ist: so kann man sich dasselbe nicht anders vorstellen, als wie den ehernen König im Märchen, den ein menschliches Selbstbewußtsein mit den Adern der Objektivität durchzieht, daß er als aufgerichtete Gestalt steht, – welche Adern der

> formale transcendentale Idealismus ihr ausleckt, so daß sie zusammensinkt, und ein Mittelding zwischen Form und Klumpen ist, widerwärtig anzusehen; und für die Erkenntniß der Natur, und ohne die von dem Selbstbewußtsein ihr eingesprützten Adern, bleibt nichts als die Empfindung.
>
> Auf diese Weise wird also die Objektivität der Kategorien in der Erfahrung, und die Nothwendigkeit dieser Verhältnisse, selbst wieder etwas Zufälliges und ein Subjektives.[13]

Die Beziehung zwischen dem Subjekt und dem Gegenstand seiner Wahrnehmung ist an sich Teil der Wirklichkeit. Diese ist so wirklich, wie es nur geht. Die Wahrnehmung ist nicht in unserem Kopf. Während ich eine Statue aus Bronze sehe, betrachte ich einen öffentlichen Gegenstand, etwas, was Sie ebenso sehen können. Ich erschaffe nichts in meinem Geist oder in meinem Gehirn. Die Wahrnehmung ist wirklich da. Dennoch können Sie nicht meine eigene subjektive Wahrnehmung sehen, weil es sich um eine Beziehung zwischen einem gegebenen Empfänger (wie beispielsweise mir) und seinem Gegenstand handelt, eine Beziehung, die kein Gegenstand an sich ist, den wir wahrnehmen können.

Überraschenderweise ist Aristoteles einer der ersten Philosophen, welche dies begriffen haben, aber ohne dass ihm in dieser Hinsicht ein besonderer Platz eingeräumt worden wäre. In seinem Traktat *Über die Seele* hat er sich explizit gefragt, wie es für uns möglich ist, Gegenstände wahrzunehmen, obwohl wir sie nach unterschiedlichen Sinnesmodalitäten verarbeiten (nach Aristoteles: Sehen, Hören, Fühlen, Geschmack und Geruch). Er zog also eine Theorie des *Gemeinsinns* (*aisthêsis koinê*) in Erwägung, die uns erlaubt hätte, unsere Sinneserfahrung mit einer Wahrnehmungserfahrung der Gegenstände zu verbinden.[14] Entsprechend meiner Lesart lehnte er jedoch diese Eventualität ab, um ihr eine Beziehung, einen *Logos*, wie er sagt, vorzuziehen, der sich zwischen den Gegenständen und den Subjekten, die wahrnehmen, etabliert. Diese Beziehung, d. h. die Wahrnehmung, ist keine zusätzliche Sinnesmodalität: Sie ist die Form, welche die Wahrnehmungsbeziehung annimmt.

Um den Ansatz des Neuen Realismus zu illustrieren, führe ich nun mein Lieblingsbeispiel an: Stellen Sie sich vor, dass sie in Neapel sind und den Vesuv von der Meeresküste aus bewundern. Ganz offensichtlich ist der Vulkan der Gegenstand der Wahrnehmung und Sie sind der Empfänger, das empfangende Subjekt. Allerdings braucht es neben dem Vulkan und Ihnen noch ein Mittel, mit dem Sie den Vulkan wahrnehmen können, d. h. eine visuelle Perspektive. Sie sehen den Vulkan von Neapel aus, während ihn jemand anderes beispielsweise von Sorrent aus betrachtet. Die Art und Weise, wie der Vulkan erscheint, ist genauso wirklich wie der Vulkan und Sie selbst. Diese Weise, zu erscheinen, ist eine Beziehung, die in der physischen Wirklichkeit zwischen Ihnen und dem Vulkan stattfindet.

Der deutsche Physiker Thomas Görnitz verhalf mir zu der Idee, die Form der Wahrnehmung in Begriffen der Quantenphysik zu denken.[15] Wenn wir den Vesuv von Neapel aus wahrnehmen, registrieren wir Informationen, die uns unter anderem aufzeigen, dass der Vesuv auf eine bestimmte Weise an dem Ort erscheint, an dem wir uns aufhalten. Das mentale Bild des Vesuv – die Tatsache, dass er mir anders erscheint als Ihnen – ist keine Produktion meines Gehirns, sondern eine Auswahl, die ich dank meiner zerebralen Gehirnausstattung treffe. Oder wie es der amerikanische Philosoph Mark Johnston ausdrückt: Wir sind Präsenzempfänger und keine Präsenzproduzenten.[16] In dieser Hinsicht ähneln wir unseren Fernsehgeräten. Wenn ich zum Beispiel das Journal *Quotidien* auf TMC gucke, ist mein Fernseher nicht derjenige, der die Sendung produziert. Er empfängt sie. Yann Barthès' Erscheinung, der Winkel, aus dem wir den französischen Journalisten sehen, wird an unseren Fernsehbildschirm weitergeleitet und nicht erst durch diesen erschaffen. Natürlich ist das hier nicht mehr als eine Analogie. Weil wir in diesem Fall der Wirklichkeit eine Schicht hinzufügen, nämlich die einer öffentlich sichtbaren Perspektive. Der Fernseher ist ein Medium zweiten Grades; er beinhaltet eine Beziehung zu einer Beziehung. Wir nehmen ein Fernsehbild wahr, das bereits eine Beziehung zwischen einer Anordnung von Gegenständen (eine Szene in einem Studio) und einer Kamera ist. Eigentlich sind also mehrere Medien involviert, doch diese Tatsache ändert nichts an meiner Argumentation.

Kommen wir nun zurück auf Rodins *Denker*. In einer Serie von Artikeln, die vom Denken handeln (*On Thinking*), fragt sich der britische Philosoph John L. Austin wiederholt: »Was macht der *Denker*?« Darauf antworte ich: Diese Statue aus Bronze macht überhaupt nichts! Die Frage hätte besser lauten müssen: »Was machen wir, wenn wir mit dem *Denker* konfrontiert werden?« Die Antwort auf diese Frage ist, dass wir das Kunstwerk, welches mit *Der Denker* betitelt ist, verwirklichen. Im Wesentlichen umfasst diese Verrichtung die Gedankenbeziehung zwischen uns und der Statue aus Bronze. Die Statue aus Bronze bringt uns in der gleichen Weise zum Denken, wie der Vesuv uns zum Wahrnehmen bringt. Wir können nicht vermeiden, zu denken, wenn wir dem *Denker* gegenübergestellt werden. Folglich sind wir selbst in die Konstitution des Kunstwerkes eingebunden.

Kunstwerke existieren nicht außerhalb einer Interpretation. Aber das soll auf keinen Fall heißen, dass wir Kunstwerken einen Sinn, auf welcher explizit theoretischen Ebene auch immer, geben müssen. Das ist der Grund, weswegen wir eine deutliche Unterscheidung zwischen der *Interpretation* von Kunst und ihrer *theoretischen Analyse* einführen müssen: Ein Kunstwerk zu interpretieren, heißt, das Werk wahrzunehmen oder daran zu denken. Die Wahrnehmung von Kunst oder der Gedanke an sie sind allerdings keine äußerlichen Aktivitäten. Sie sind Teil des Kunstwerkes selbst. Wir werden sehen, dass dies die Existenz eines Sinnes impliziert, durch den sich die Kunstwerke wiederum selbst wahrnehmen und denken. *Die Kunst ist eine objektivierte Subjektivität, ein Gedanke, der sich in der Wirklichkeit durch die Vermittlung der Gegenstände denkt, die eine Selbstreflexion auslösen.*

Die Literaturkritik in den Vereinigten Staaten verwechselte (in Anschluss an das unglücklich gewählte Label

French Theory) die Tatsache, dass sich die Kunst auf eine Interpretation gründet, mit der falschen Vorstellung, nach welcher die Kunst auf einer theoretischen Analyse beruhen würde. Sicher sind einige Werke – wie beispielsweise zahlreiche aus gutem Grund als konzeptuell bezeichnete Werke – so angelegt, dass Interpretation und theoretische Analyse nahezu zusammenfallen. Denken Sie beispielsweise an Joseph Kosuths *Four Colours, Four Words*. Dieses Werk besteht aus vier farbigen Neonröhren, welche die vier Worte, mit denen die Arbeit betitelt ist, wiedergeben. Man könnte sagen, dass es sich um einen philosophischen Kommentar zu einer Selbstreferenz der in den Werken ausgestellten Sätze handelt, die dieses interessante Paradox erschafft. Ist ein gemaltes Wort ein Wort? Ist die Farbe Neon in Form eines Buchstaben ein Buchstabe? Was auch immer die Antwort darauf sein mag, fest steht, dass das Werk den Betrachter in die Richtung einer theoretischen Analyse zieht, was beispielsweise nicht auf Picassos Skulpturen zutrifft. Dennoch müssen Picassos Skulpturen interpretiert werden, um als Kunst zu existieren, was aber nicht bedeutet, dass wir sie auf einer konzeptuellen oder theoretischen Ebene analysieren müssen, um sie in Kunstwerke zu verwandeln.

Kunstwerke sind Kompositionen und keine unter besonderen Bedingungen (Museen, Konzertsäle, Kinos usw.) ausgestellten Gegenstände. Wortwörtlich besteht die künstlerische Kom-position darin, Gegenstände zusammenzufügen. Kunstwerke vereinigen mindestens mehr oder weniger gewöhnliche Gegenstände (etwa eine Statue aus Bronze, Klänge, gedruckte oder ausgesprochene Worte) und eine Interpretation (wie die Wahrnehmung einer Skulptur, die Lektüre eines Romans, die Aufführung einer Oper usw.). Man reduziert das Werk nicht auf eine seiner Kompositionsschichten. Musik ist keine einfache Tonfolge, eine Oper ist nicht das gleiche wie eine Partitur und *Der Denker* ist keine Statue aus Bronze! Wenn wir Kunstwerke auf ihren Gegenstand reduzieren, verwandeln sie sich in mysteriöse und unverständliche Kräfte. Das ist das Problem einer Philosophie der Kunst, die auf einer Objektontologie basiert (einer Theorie, nach der die Wirklichkeit, d. h. das, was wirklich ist, aus Gegenständen besteht) und die sich besonders in den Werken des amerikanischen Philosophen Graham Harman manifestiert. Seit seinem Erfolg mit dem Buch *Vierfaches Objekt* behauptet der Autor, dass die

Wirklichkeit aus Gegenständen gemacht ist, deren Wesen uns vorbehalten bleibt.[17] Ihm zufolge besitzt jeder Gegenstand einen Aspekt, der uns nicht offenbart werden kann. Die Welt ist eine Welt aus mysteriösen Gegenständen, die in der Kunst, insoweit die Werke oft selbst in ein Mysterium gehüllt sind, aufgegriffen werden. Auf der »Gegenständlichkeit« von Kunstwerken zu insistieren, hilft jedoch nicht gegen die missbräuchliche, postmoderne Gleichsetzung von Kunst und Theorie, da die Kunstwerke gerade keine raumzeitlichen Gegenstände sind, wie beispielsweise eine Masse aus Bronze. Wenn wir wiederum Kunstwerke auf theoretische Analysen reduzieren (eine durch die postmoderne Literaturkritik weitverbreitete Mode, die von Harman zurecht kritisiert wird) verlieren wir die Gegenstände, ohne welche es überhaupt keinen Grund geben würde, sich in eine theoretische Analyse zu stürzen sowie auch ihre internen Strukturen aus dem Blick. Ebenso dürfen wir nicht die Ebene der Interpretation vergessen. Ohne Interpretation wären Kunstwerke nicht mehr als einfache Gegenstände oder zufällige Artefakte. Die Interpretation bringt uns in Verbindung mit ihrer Komposition. Die Objektontologie ignoriert jedoch die interpretierende Dimension, ohne die es auch keine mysteriöse Werkaura geben würde.

Die Idee der Kunst als Komposition ist der Schlüssel, der es uns erlaubt, die Autonomie der Kunst richtig zu verstehen. Wie wir wissen, ist Autonomie für etwas oder jemanden die Tatsache, vom je eigenen Gesetz beherrscht zu werden sowie nur denjenigen Gesetzen unterworfen zu sein, die es oder ihn konstituieren. Kunstwerke sind aber nicht die einzigen Bestandteile der Wirklichkeit, die autonom sind. Nach der praktischen Philosophie Immanuel Kants sind es auch die Menschen: Wir handeln nach einem Selbstbild, das in unsere größtenteils imaginäre Wahrnehmung von uns selbst, von anderen menschlichen Subjekten und von den Gegenständen, die uns umgeben, integriert ist. Wir führen unsere Leben getreu einer Vorstellung davon, was wir zu sein glauben und gerne sein würden. Das ist es, was Jean-Paul Sartre unser menschliches Projekt nannte. Die Menschen haben ihre Projekte.

Ich habe mein Projekt, also bin ich. Menschliche Projekte überschneiden sich, doch sie sind immer individuell interpretiert worden. Von daher rührt die Idee, dass das menschliche Leben an sich schon ein Kunstwerk ist. Die Vorstellung, dass jede menschliche Handlung ein Kunstwerk sei, ist allerdings bedauerlicherweise reichlich übertrieben. Eine solche ästhetische Bezugnahme, wie sie im Paris des *Fin de Siècle* aufkam, und in der Folge von

Friedrich Nietzsche dem gesamten 20. Jahrhundert attestiert wurde, verfehlt Kants wesentliche Aussage. Kant schreibt den menschlichen Projekten nur Autonomie zu, insofern wir eine universelle Struktur teilen, d. h. die Struktur des Menschen (*Menschheit* oder frz. *la réalité humaine* bei Sartre). Wir sind nicht autonom, indem wir Individuen sind, sondern indem wir ganz im Gegenteil unsere Handlungen universalisieren. Um als autonom im Sinne Kants qualifiziert zu werden, darf die Norm, die intrinsisch das menschliche Handeln lenkt, auf keinen Fall nur jedem Einzelnen zu eigen sein. Diese Autonomie lässt der Originalität keinen Platz und demnach auch nicht der Kunst. Die romantische Interpretation der kantischen Autonomie missachtet dasjenige an ihr, was sie gerade auszeichnet. Deshalb müssen wir vorsichtig sein, die konstitutive Autonomie des Menschen nicht mit jener weit besonderen und weit radikaleren Autonomie der Kunst zu verwechseln. Selbst Friedrich Schiller beging in seinen Briefen *Über die ästhetische Erziehung des Menschen* diesen Denkfehler. Wir werden hierauf in dem darauffolgenden Kapitel zurückkommen, in welchem ich das Verhältnis von Kunst und Macht beleuchte.

Die *menschliche* Autonomie ist ein Charakteristikum der universellen Struktur des Menschen. Diese Struktur unterscheidet uns kategorisch von den unbelebten Elementen der Natur und zahlreichen Tieren. Aus diesem Grund sind wir auch nicht identisch mit unseren Gehirnen oder mit irgendeinem Subsystem unseres Organismus.[18] Was uns, Sie und mich, menschlich macht, ist etwas, das mich gerade nicht von Ihnen unterscheidet. Menschlichkeit ist etwas, dass im Wesentlichen Gemeinsamkeit betrifft. Es gibt keinen tiefgreifenden Unterschied zwischen Menschen, weil wir die gleiche Form gemein haben: die menschliche Autonomie.

Im Gegensatz zur menschlichen Autonomie berücksichtigt die Autonomie der Kunst diesen radikalen und profunden Unterschied, der zwischen den Kunstwerken existiert. Die Komposition irgendeines Kunstwerks unterscheidet sich von der Komposition irgendeines anderen. Es existiert kein (künstlerischer) Inhalt, den alle Werke gemeinsam haben. Kunstwerke sind folglich radikale Individuen. Menschen sind hingegen Individuen, die an einer universellen Form partizipieren.

Das ist der Grund, warum Menschen dem Gesetz der universellen Moral unterworfen sind. Alle Menschen schulden sich, anders ausgedrückt, gegenseitig etwas. *Letztendlich* impliziert das natürlich, dass alle Menschen genauso den Tieren und der Natur etwas schuldig sind. Nichts liegt mir ferner, als dies zu leugnen. Der Humanismus impliziert nicht die Zerstörung der Natur. Der dem Humanismus oder der Dialektik der Aufklärung nachgesagte Anti-Ökologismus ist schlicht ein Mythos. Das moralische Gesetz fordert, dass wir nicht nur menschliche Tiere, sondern alle Tiere ebenso wie ihre Umwelt respektieren. Doch das ist eine andere Debatte.

Das Entscheidende hier ist, dass Menschen keine Kunstwerke sind. Kunstwerke sind viel radikaler, individueller und origineller, als der *Homo sapiens* es je sein könnte. Von daher stellt jeder Versuch, die Kunst mit dem menschlichen Leben affirmativ gleichzusetzen, einen direkten oder indirekten Fehlschluss dar. Man könnte behaupten, dass diese Gleichsetzung eine der Ursachen für die Morbidität des Fin de Siècle sei, – eindeutig eines der zentralen Motive in Charles Baudelaires *Blumen des Bösen (Les Fleurs du Mal)*. Wenn sich Menschen in Kunstwerke verwandeln, werden sie unmoralisch, weil sich Kunstwerke dem Universellen widersetzen. Sie können nicht unter der Reglement eines universellen Gesetzes existieren.

Wir sind nun in der Lage, *Autonomie* von *radikaler Autonomie* zu unterscheiden. Kunstwerke sind radikal autonom. Diese radikale Autonomie bedeutet, dass das Prinzip der Individuation eines Werkes (seine Komposition), keine wesentlichen Gemeinsamkeiten mit einem anderen Werk hat. Ich will das genauer erläutern: Kunstwerke fügen mehrere Schichten zusammen, die ich »Sinnfelder«[19] genannt habe. Kunstwerke sind Kompositionen aus Sinnfeldern. Die Weise, nach der sich diese Sinnfelder eines Werkes ausdrücken (der Sinn eines Werkes), ist eine Komposition, die nur aus dem Inneren des Werkes heraus verstanden werden kann. Das Werk gibt sich folglich sein eigenes Gesetz.

Was Kunstwerke von anderen Sinnfeld-Assemblagen (wie das 2. Arrondissement von Paris oder die Präsidentschaft Macrons) unterscheidet, ist jener zusätzliche Parameter, der besagt, dass ein Werk, um an sich zu existieren, interpretiert werden muss. Damit das 2. Pariser Arrondissement oder die Präsidentschaft Macrons existieren, müssen weder Sie noch ich diese interpretieren. Hingegen müssen Macron und die Minister ihre jeweiligen Rollen sicherlich interpretieren, damit es die Präsidentschaft und die Regierung überhaupt geben kann. Denn sie müssen regieren. Doch diese Interpretation entspricht nicht einer unabhängigen Komposition, die sie einschließen würde. Ein Premierminister muss die Rolle eines Premierministers spielen. Aber diese Interpretation, die den Stil der Person, welche diese Rolle verkörpert, beeinflusst, ist unwesentlich für die Regierung selbst. Die Interpretation macht sich in der Politik geltend, das heißt dort, wo sich die Regierung in den Augen derer rechtfertigt, die regiert werden (die französischen Staatsbürger). Aber die Parameter der Regierung selbst entsprechen nicht den Parametern eines Kunstwerkes. Diese unterliegen keiner Idiosynkrasie.

Man könnte behaupten, dass die französische Verfassung oder ein anderes juristisches Gefüge die musikalische Partitur der Komposition der 5. Republik bildet und dass es sich infolgedessen bei dieser um ein Kunstwerk handelt, das wiederum durch Macrons Präsidentschaft und die französische Regierung interpretiert wird. Ohne aus Macrons Präsidentschaft selbst ein Kunstwerk zu machen, würde es diese in ein Kunstwerk integrieren und den Kunstbegriff infolgedessen auf die französische Nation ausweiten. Diese Argumentation ist aber aus folgendem Grund falsch: Das Gesetz selbst ist den universalistischen Anforderungen unterworfen, die in der menschlichen Autonomie ihren Ursprung haben. Alle positiven Gesetze setzen sich zum Teil aus moralischen Anforderungen zusammen. Deshalb basiert die 5. Republik auf einem juristischen System, das ontologisch betrachtet besser ist, als beispielsweise dasjenige der Demokratischen Volksrepublik Koreas. Das Gesetz ist kein Kunstwerk; genauso wenig wie jeder andere Nationalstaat. Der *NSK State Pavilion* auf der 57. Biennale in Venedig stellte hingegen keinen Nationalstaat, wohl aber ein Kunstwerk dar. Die NSK (Neue Slowenische Kunst) ist ein Kunstkollektiv, das seit den 1990ern als Staat auftritt. Allerdings hat niemand den NSK-Staat anerkannt und dementsprechend organisiert kein Gesetzeskörper die Rechte und Pflichten seiner Bürger, was Konsequenzen für die soziopolitische Verfassung der nationalstaatlichen Weltordnung hat. Wenn der *NSK State Pavilion* ein Versuch gewesen ist, einen Nationalstaat zu erschaffen, wäre sein Scheitern weitaus schlimmer gewesen als der jüngste Putschversuch durch den separatistischen Staatsstreich in Katalonien, welcher ebenso nicht in der Lage gewesen ist, ein neues, von den betreffenden Institutionen (beginnend mit Spanien und der Europäischen Union) anerkanntes Rechtssystem aufzubauen. Nichts ist zugleich sowohl Nationalstaat als auch Kunstwerk, selbst wenn es zwischen beiden Bereiche gibt, die sich überschneiden. Dänemark kann einen Teil von *Hamlet* ausmachen und *andersherum*. Aber dies macht aus Dänemark weder ein Stück, das Shakespeare verfasst hat, noch aus Hamlet einen Bürger Dänemarks.

Eine wichtige Zwischenbemerkung: Die radikale Autonomie der Kunst verneint die Möglichkeit von Genres, wenn Genre im strengen Sinne des Begriffes verstanden wird. Es gibt keine Gebrauchsanweisung für Tragödien, Komödien, realistische Romane oder impressionistische Malerei. Dies ist einer der Gründe, warum künstlerische Strömungen oder Bewegungen keinen Fortbestand haben. Kein künstlerisches Manifest könnte mit der tatsächlichen Entstehung einer Serie von Kunstwerken, also ihrer Konstitution, zusammenfallen. Manifeste, Genres und andere allgemeine Kategorisierungen (wie Informationstafeln in Kunstmuseen) haben oft die Tendenz, die radikale Autonomie der Kunst zu verschleiern. Sie geben nämlich zu verstehen, dass allgemeine Trends (wie Stil, Schule, Material usw.) die Wahl des Künstlers und die Qualifikation eines Werkes als impressionistisches, expressionistisches, modernes, barockes, abstraktes oder was auch immer bestimmen. Doch sie sagen allerdings nie etwas über die reale Macht der Kunst aus, weil sich Kunst auf ihrer reinen Singularität gründet.

In der Tat ist diese Autonomie der Kunst erschreckend. Und das zu Recht! Wie wir in meinen abschließenden Überlegungen zum Verhältnis von Kunst und Macht sehen werden, stellt die Kunst selbst für die Menschheit eine nicht zu unterschätzende Gefahr dar. Wir müssen gegenüber der Kunst auch widerständig sein, indem wir die

Rückkehr zu einem romantischen Ästhetizismus vermeiden, demzufolge das menschliche Leben, die Politik, die Ethik usw. grundlegend von einer Ontologie der Kunst beherrscht werden. Wir müssen diesen Verlockungen der romantischen Sirenen widerstehen, deren zeitgenössischer Gesang sich in die Herstellung von *Design*-Objekten eingeschlichen hat.

Auf die Frage, was Kunst ist, antworte ich: Die Kunst ist identisch mit allen Kunstwerken. Oder wie es bei Joseph Kosuth heißt: Kunst ist die Definition von Kunst.[20] Es handelt sich dabei nicht um eine leere Tautologie oder um einen Ausweichversuch gegenüber der Frage nach dem Wesen der Kunst. Die Bedeutung von Kosuths Behauptung »Kunst ist die Definition von Kunst« offenbart sich im Licht der Idee der radikalen Autonomie, in dem Sinne, dass *Kunstwerke radikal autonome Individuen sind*.

Diese Definition impliziert natürlich, dass jedes radikal autonome Individuum ein Kunstwerk ist. Nachzuweisen, dass die Präsidentschaft Trumps tatsächlich ein radikal autonomes Individuum sei (wie zum Beispiel die Realityshow *The Apprentice*), würde allerdings implizieren, dass es zurzeit keine wirkliche Präsidentschaft in den Vereinigten Staaten gäbe; was wohl nicht viel schlimmer wäre als die Weise des Regierens, von welcher wir gerade Zeugen wurden. Beachten Sie hinsichtlich dessen meine Anmerkung, dass *The Apprentice* ein Kunstwerk ist, was aber in keiner Weise bedeutet, dass es sich dabei um ein *gutes* Kunstwerk handelt. Kunst bedeutet nicht immer gleich gute Kunst. Donald Trump ist offensichtlich ein Künstler (vielleicht ein Blender), indem er mit Architektur, Wrestling usw. zu tun hat. Meiner Meinung nach hat er jedoch keinen Geschmack, was bezeichnend für einen schlechten Künstler ist.

Ich werde nun etwas wenig ausführlicher meine Definition von Kunst erläutern. Hierfür benötige ich eine weitere Ergänzung durch philosophische Fachtermini. Bitte haben Sie Geduld mit mir. Ein Individuum ist etwas, das sich von etwas anderem im gleichen Feld unterscheidet. Ich unterscheide mich von Ihnen: Ich bin der Autor dieser Zeilen, wohingegen Sie die Leser sind. Meine linke Hand unterscheidet sich von meiner Rechten. Individuen haben Eigenschaften (etwas, dass sich aus meiner Sicht auf der linken Seite meines Körpers befindet; ein Leser zu sein usw.). Alle diese Eigenschaften können jedoch nicht von zwei Individuen gemeinsam geteilt werden. Diese grundlegende Beobachtung hat sich in der modernen Philosophie dank des deutschen Philosophen Gottfried Wilhelm Leibniz durchgesetzt – der seine Schriften auf Lateinisch oder Französisch verfasste, da er im Gegensatz zu dem nationalsozialistischen Philosophen Martin Heidegger der Ansicht war, dass man auf Deutsch nicht philosophieren könne. Selbstverständlich irrte er sich; man kann in jeder beliebigen Sprache philosophieren, aber dies ist für meine folgende Argumentation nicht von Relevanz. Wichtig ist vielmehr, dass ein Element ein Individuum ist, wenn, und nur wenn ein anderes Element eine Eigenschaft besitzt, über welche das erstgenannte Element nicht verfügt.

Kunstwerke sind Individuen. Sie unterscheiden sich alle voneinander. Ihr erstes Individuationsprinzip ist dennoch keine physische oder raumzeitliche Eigenschaft. Aus diesem Grund ergibt die Idee eines *Objet trouvé* Sinn. Das Pissoir ist nicht das Kunstwerk in Duchamps *Fountain*. Duchamp hat kein Pissoir in ein Kunstwerk verwandelt. Das Kunstwerk ist die Idee, ein Pissoir auszustellen (genauso wie weitere Aspekte dieser Performance, darunter wie bereits erwähnt die Interpretation, die wir selbst am Werk vornehmen). Es ist seine jeweilige Komposition, die ein Kunstwerk individualisiert. Diese Komposition eines Werkes vergegenwärtigt seinen radikal autonomen Status. Es ist die Komposition, die erklärt, warum ein Kunstwerk ein Kunstwerk ist, warum es dieses Werk und kein anderes ist und warum seine Komposition selbst radikal autonom ist. Für das Schaffen eines Kunstwerkes gibt es insofern keine externe Gebrauchsanweisung. Deshalb ist jedes Werk originell.

Walter Benjamin hat sich gewaltig getäuscht, als er dachte, dass eine Sache wie zum Beispiel ein Kunstwerk im Zeitalter seiner technischen Reproduzierbarkeit nicht existieren könnte.[21] Denn es ist prinzipiell unmöglich, ein Werk erneut zu erschaffen. Selbstverständlich haben neue Technologien seit dem 19. Jahrhundert eine technische Reproduzierbarkeit von Werkkopien, ebenso wie eine neue Kunstform, nämlich die der seriellen Kunst, also der Idee, ein Objekt mit Hilfe von modernen Technologien in Serie zu reproduzieren, ermöglicht. Doch es handelt sich hierbei genau genommen um eine neue Kompositionsidee und nicht, wie Walter Benjamin in seinem nostalgisch anmutenden Essay glaubte, um die Zerstörung einer mysteriösen Aura des Werks.

Andy Warhols Serien oder die Fotografie sind nicht weniger ästhetisch als Johannes Vermeers *Ansicht von Delft* (eine Ansicht, welche sich im Laufe der Jahrhunderte so stark verändert hat, dass sich das, was wir heute im Museum von Den Haag betrachten können, grundlegend von all dem unterscheidet, was Vermeer zu seinen Lebzeiten selbst gesehen oder produziert haben könnte). Die moderne Technologie bedroht also in keiner Weise das Wesen der Kunst.

Nebenbei sei bemerkt, dass ich nicht bestreite, dass Vermeer bessere Kunstwerke als Warhol erschaffen hat. Ich bin im Gegenteil davon überzeugt und würde sogar, wenn nötig, ausführlich dafür argumentieren. Aber Vermeer ist kein besserer Künstler als Warhol, nur weil er in einer anderen Epoche gelebt hat oder weil er seine künstlerische Technik besser beherrschte. Die Kriterien für gute oder schlechte Kunst können nur dann explizit gemacht werden, wenn man sich die Einzelheiten dieser oder jener Werkkomposition anschaut. Die Qualität eines Kunstwerkes emaniert aus seinem Inneren. Kein Katalog, kein universelles System lässt uns den Schluss ziehen, dass ein bestimmter Gegenstand künstlerisch besser ist als ein anderer.

Das gilt in gleicher Weise für meine hier in der Form eines Essays vorliegende Theorie. Ein radikal autonomes Individuum zu sein ist kein Kriterium für künstlerische Qualität, sondern nur ein Kriterium dafür, Kunst zu sein. Man kann nur je im Einzelfall beurteilen, ob dieses oder jenes Werk, dieser oder jener Künstler besser ist, als ein anderer.

Dies zeichnet die Originalität von Kunst aus, die wir wertschätzen. Kurzum: Selbst ein allwissender Gott könnte nicht vorhersagen, was den nächsten Wendepunkt innerhalb der Kunstgeschichte markieren wird, wie das nächste Meisterwerk aussehen oder sich anhören wird. Zumindest könnte Gott dies nicht vorhersagen, wenn er eine Vorstellung davon hätte, was Kunst ist. Unter der Annahme, dass Gott existiert und die Welt erschaffen hat, kann er jedoch zum genauen Zeitpunkt der Schöpfung nichts über die Qualität der Kunst aussagen. Bestenfalls könnte er die Vorstellung von einem Kunstwerk als radikal autonomes Individuum begreifen, was aber noch lange nicht die Macht der Vorhersagbarkeit mit einschließt.

Im Kielwasser von Henri Bergson und Martin Heidegger entfachte der Begriff des Ereignisses im 20. Jahrhundert eine lebhafte philosophische Debatte. Diese handelte von der Schwierigkeit, die Existenz ausgehend von einer radikalen Neuerung in der Wirklichkeit zu denken. Für zahlreiche Philosophen nach Kant musste die Wirklichkeit in gewisser Weise den universellen Gesetzen unterworfen sein, nach welchen jedes neue Ding, ohne zuvor existiert zu haben, mit all den anderen Dingen etwas Wesentliches gemein haben musste, um überhaupt zu einem gegebenen Zeitpunkt zu existieren. Noch heute überwiegt Vorstellung, dass jedes Ding in der Wirklichkeit ein raum-zeitliches oder vielmehr energetisch-materielles ist und infolgedessen den

Gesetzen der Natur unterliegt. Das bedeutet, dass jedes Individuum etwas sehr Wesentliches, zum Beispiel Elementarteilchen, mit all den anderen Individuen gemeinsam hat.

Dies gilt jedoch nicht für Kunstwerke. Die Kunst war immer schon eine Reihe oder Serie von Ereignissen. Deshalb beriefen sich zahlreiche Theoretiker des Ereignisses – Heidegger als der Bekannteste, Gilles Deleuze als der Expliziteste – auf Kunstwerke, um ausgehend von ihnen über das Ereignis zu sprechen. Sie sahen, dass sich in den Kunstwerken die Struktur des Ereignisses manifestiert. Kunstwerke ereignen sich ohne begrifflich vorwegnehmbaren Grund.

Es ist allerdings wichtig, diese Vorstellung nicht mit derjenigen einer anderen Denkströmung, die sehr deutlich in der *Ästhetischen Theorie*[22] Theodor W. Adornos in Erscheinung tritt, zu verwechseln. Adorno glaubt, dass gute Kunst (im Gegensatz zum Kitsch oder den kulturindustriellen Erzeugnissen wie Hollywood-Filmen oder der Popmusik) das »Nicht-Identische« offenlegt. Das Nicht-Identische entspricht bei Adorno dem Nicht-Begrifflichen. Der Grundgedanke ist simpel: Wir begreifen die Wirklichkeit, indem wir sie klassifizieren. Eine Klassifikation ist eine Art Prädikat. Wir identifizieren einen gegebenen Gegenstand als einen einer Kategorie zugehörigen. Emmanuel Macron ist zum Beispiel ein Politiker. Also klassifizieren wir Emmanuel Macron, indem wir ihn als Politiker denken. Ein Politiker zu sein, ist ein Begriff. Dies ermöglicht es uns, verschiedene Personen zusammenzudenken, sofern sie die Eigenschaft des Politiker-Seins teilen. Jedoch entsprechen nicht alle Gegenstände einem Begriff. Ereignisse und singuläre Gegenstände lassen sich nicht in unser begriffliches Klassifikationssystem miteinbeziehen; von daher rührt das philosophische Paradox, durch welches wir Gegenstände, die absolut keine Begriffe sind, dahingehend zusammenbringen, indem wir sie in ihrer gemeinsamen Eigenschaft des Nicht-Begrifflichen fassen. Um diesem Paradox zu entkommen, müssen wir die Art und Weise, wie wir in Beziehung mit Ereignissen und singulären Gegenständen treten, anders denken, d. h. ohne deren sofortige Kategorisierung. Nach Adorno beruht die Macht der Kunst in der Ontologie des Werks, nach welcher sich die große Kunst, die absolut singulär ist, jeder begrifflichen Kategorisierung entzieht.

Im Wesentlichen dachte Adorno, dass Kunstwerke demonstrieren, dass uns unsere Beziehung mit der Wirklichkeit (Erkenntnis und menschliche Wahrnehmung) in Kontakt mit etwas bringt, das sich an sich nicht begrifflich fassen lässt. Das läuft darauf hinaus, der Wirklichkeit die Form des Ereignisses zu geben, und den Kunstwerken die Möglichkeit, dass sie ihrem Empfänger oder – besser gesagt – einem Kunsttheoretiker wie Adorno reflexiv zugänglich gemacht werden.

Der Inhalt eines Kunstwerkes (selbst eines Gelungenen) ist dennoch genaugenommen etwas, das eine Art begriffliche Form hat. Kunstwerke werden durch ihre individuelle Komposition definiert. Sie kombinieren Sinnfelder. Genau das ist es, was Begriffe generell ausmacht. Begriffe sind Kompositionen aus Sinnfeldern.

Diese Realität der Begriffe wird derzeitig verdeckt durch dasjenige, was man die »sprachanalytische Wende« (*linguistic turn*) nennt. Nach diesem Ansatz sind Begriffe am ehesten sprachlich konstituiert. Die Begriffe sollen auf die Verwendung im menschlichen Sprachgebrauch begrenzt werden. Dieser Gedankengang ist jedoch auf mehreren Ebenen falsch. Zuerst, weil er die Existenz von Begriffen im Hinblick auf andere Tiere ausschließt, was ein Irrtum ist. Warum sollten andere Tiere ihre Umgebung nicht begrifflich kategorisieren? Offensichtlich unterscheidet ein Löwe zwischen seiner Beute und einem Hindernis. Somit verfügt er über einen Beutebegriff. Das impliziert aber nicht, dass er weiß, dass er über Begriffe verfügt, was natürlich eine andere Sache wäre. Man kann über Begriffe verfügen, ohne Worte zu haben, um diese sprachlich auszudrücken. Zweitens setzt er das menschliche Denken zu sehr mit dem sprachlichen Ausdruck gleich, was es unmöglich machen würde, Kleinkindern Begriffe zuzuschreiben! Wenn Löwen keine Begriffe besitzen, dann haben Neugeborene auch keine. In diesem Zusammenhang postulierte der Sprachwissenschaftler Noam Chomsky bei den Menschen unsinnige angeborene Sprachstrukturen innerhalb bestimmter Bereiche des Gehirns. Tatsächlich konnte man bis jetzt in keinem Gehirn ein mit Chinesisch oder Russisch beschriebenes Areal verorten. Es würde uns hier jedoch zu weit weg führen, den linguistic turn und die zahlreichen philosophischen Verwirrungen, welche auf der generativen Grammatik Chomskys gründen, im Detail zu widerlegen. Es reicht uns, im Kopf zu behalten, dass Begriffe in der Regel nicht sprachlich kodiert sind. Wir wären ansonsten nicht in der Lage, über etwas im Detail nachzudenken, ohne dafür über Worte zu verfügen.

Kunstwerke *sind* begrifflich. Sie erschaffen nämlich neue Begriffe; ein Gedanke, der für Deleuzes Verständnis von Begriffen zentral ist.[23] Deleuze ist der Meinung, dass wir Begriffe erschaffen, weil die Wirklichkeit sie ohne unser Zutun nicht selbst hervorbringt. Deshalb glaubt er, dass es zwischen der Philosophie und der Kunst eine Verbindung gibt. Kunstwerke gleichen Sinnfeldern, ohne dass die Sinnfelder im Deleuze'schen Sinne vollkommen begrifflich sind. Scheren sind Scheren und der Begriff einer Schere ist der Begriff einer Schere. Die Scheren unterscheiden sich von ihrem Begriff. Doch das heißt nicht, dass wir Scheren nicht denken können oder dass sie sich außerhalb unserer begrifflichen Auffassungsgabe befinden.

Die jüngste Philosophie schlägt eine neue Art von Realismus vor. Dieser *Realismus* will, dass sich bestimmte Begriffe mit einer Wirklichkeit verbinden, die selbst nicht aus Begriffen besteht. Beispielsweise verwende ich im Zuge meiner Wahrnehmung Begriffe, wenn ich aufmerksam Gegenstände auswähle. Ich betrachte meinen Kaffee genau, der diesmal nicht so gut schmeckt wie ansonsten. Meine Beobachtung setzt voraus, dass ich über einen Begriff von Kaffee verfüge, nach welchem ein Kaffee besser oder schlechter sein kann. In gleicher Weise habe ich einen Begriff von meiner Brille, dank dem ich mir dieser gerade bewusst geworden bin, und das obwohl ich einen anderen Gegenstand gesucht habe, der in diesem Absatz, in dem ich einige grundlegende Annahmen über Begriffe umreiße, als ein Beispiel hätte dienen können. Dieser Realismus zielt darauf ab, uns an die Tatsache zu erinnern, dass alles, was durch den Rekurs auf einen bestimmten Begriff erkennbar ist, nicht an sich einen Begriff bedeuten muss. Begriffe fassen Gegenstände in Kategorien zusammen. Das, was sie vereinigen, ist jedoch nicht immer an sich ein Begriff.

In diesem Sinne sind auch Kompositionen Begriffe. Kunstwerke sind Begriffe, die Sinnfelder kombinieren. In jedem Fall müssen einige dieser Felder sinnlich sein. Jedoch dürfen die sinnlichen Aspekte eines Kunstwerkes niemals mit dem Werk selbst verwechselt werden. Kurzum: kein Kunstwerk ist sichtbar oder hörbar. Das, was wir sehen oder hören, während wir in Kontakt mit dem Kunstwerk treten, ist nicht das Kunstwerk selbst, sondern vielmehr ein bestimmtes Feld oder ein Gegenstand, der wiederum Teil der Konstitution des jeweiligen Werkes ist.

Es gibt keine Kunst ohne Sinnlichkeit. Kunstwerke basieren auf Wirklichkeiten, die nur durch uns selbst wahrgenommen werden können. Kunstwerke mobilisieren Gegenstände. Aber die Kunstwerke werden nicht durch ihre Gegenstände konstituiert. Ganz im Gegenteil: Sie sind es, die die Gegenstände konstituieren.

Doch die radikal autonome Natur von Kunstwerken transformiert diese in Objekte im allgemeinen Sinne des Wortes. Mein Beitrag zum Neuen Realismus besteht also gerade darin, zu beweisen, dass die Wirklichkeit nicht ausschließlich aus physikalischen oder naturwissenschaftlichen Gegenständen zusammengesetzt ist. Nicht alle Gegenstände fallen unter das Prinzip der Kausalität, mit dem sich die Naturwissenschaften beschäftigen. Bestimmte Objekte, wie zum Beispiel Gedanken, Erinnerungen, die Zukunft, Frankreich, moralische Werte, Jed Martin (die Figur des Malers in Michel Houellebecqs *Karte und Gebiet*), Zahlen usw. sind nicht irgendwo »da draußen« in das Netz des energetisch-materiellen Universums eingewoben. Trotzdem decken sie sich teilweise auf eine interessante Art und Weise mit dem physischen Universum. Das sollte uns deshalb aber nicht dazu verleiten, den Irrtum zu begehen, ihre Existenz auf die eines Gegenstandes des physischen Universums zu reduzieren.

Dies trifft ebenso auf Kunstwerke zu. Kunstwerke sind nicht identisch mit oder gar reduzierbar auf die Schichten, die sie selbst hervorbringen. Selbst wenn die künstlerische Idee, die Komposition dieses oder jenes Werkes einfach aus einem *Objet trouvé* bestünde, ohne dabei offenzulegen, was dieses Objekt außerhalb seiner bloßen physischen Präsenz bedeutet, ließe sich die künstlerische Idee als solche nicht auf etwas Physisches reduzieren.

Letztendlich ist die irreduzible Wirklichkeit von Kunstwerken ein Merkmal ihrer radikalen Autonomie. Alles, was physisch ist, kann tatsächlich durch Gesetzmäßigkeiten, die quasi den Wert von Regeln besitzen, charakterisiert werden. Gegenstände im Universum weisen reale Formen auf, aber es handelt sich um Formen, die wir nicht selbst erfinden.[24] Vielleicht wäre es besser, zu sagen, dass physische Gegenstände reale Formen, reproduzierbare Strukturen, sind. Aber dies würde uns in den Bereich der Wissenschafts- und der Naturphilosophie führen. Wichtig für uns ist, dass wir Gegenstände im Universum studieren können, ohne sie dabei zu interpretieren. Ganz gleich, was wir unternehmen, wir sind nicht in der Lage, eine Bosonen-Masse zu erschaffen. Eine Bosonen-Masse ist vollkommen unabhängig von menschlichen Aktivitäten oder Leistungen. Dies führt sicherlich zu erkenntnistheoretischen Problemen, welche zur Ontologie der Naturwissenschaften gehören. Es wäre trotzdem verrückt, zu glauben, dass das physische Universum ausschließlich von Parametern, deren Existenz von unserer Interpretation abhängt, beherrscht werden würde! Buchstäblich würde dies aus uns kleine Gottheiten machen. Es ist evident, dass die überwiegende Mehrheit von Ereignissen, Strukturen, Gegenständen des Universums (mit Ausnahme der Erde und ihrer Umwelt, auf die wir Menschen einen bestimmten physischen Einfluss haben) offensichtlich kein Ergebnis unserer eigenen Leistung ist. Keine einzige Galaxie wurde jemals durch eine menschliche Leistung erschaffen. Falls Sie dies leugnen, kann Ihnen die Philosophie auch nicht mehr weiterhelfen. Sie bräuchten dann eher einen Psychiater, der Ihnen beibringt, dass niemand, weder Gott noch die Götter oder überhaupt irgendein Mensch die Natur hervorgebracht hat.

Kunstwerke sind keine natürlichen Erzeugnisse. Sie sind keine wirklichen, in der Natur wachsenden Strukturen. Die Strukturen, welche sich aus ihrer künstlerischen Komposition ergeben, sind im Universum unauffindbar. Weder können sie durch die Sinne wahrgenommen noch im Lichte der Naturwissenschaften studiert werden; sie müssen interpretiert, das heißt »performiert«, aufgeführt werden. Doch nicht nur ihre Performance ist dafür ausschlaggebend, dass sich Kunstwerke für eine theoretische Analyse eignen. Die theoretische Analyse von Kunstwerken, die an unterschiedlichen Fachbereichen unter verschiedenen Gesichtspunkten an Universitäten praktiziert wird, stellt eine Untersuchung zweiten Grades dar, die der performativen Leistung eines Werkes in unserem Gehirn und unserem Geist nachspürt. Wir können nicht Prousts

Auf der Suche nach der verlorenen Zeit analysieren, ohne uns dabei die entsprechende Szenerie des Romans vorzustellen. Zuerst müssen wir in die Realität des Romans eintreten, um daran anschließend dessen Komposition, Sprache, sich überschneidende Werkreferenzen, die Geschichte seiner Entstehung, seiner Rezeption usw. zu analysieren. Dabei entdecken wir weder die Naturgesetze noch die Strukturen des Universums. Wir berühren die irreduzible Wirklichkeit der Ideen. Die Irreduzibilität eines gegebenen Kunstwerkes ist charakteristisch für die radikale Autonomie des Ereignisses, die das besagte Werk darstellt. Kunstwerke haben nichts Wesentliches gemeinsam. Für zwei verschiedene Werke existiert keine gemeinsame Komposition. Zwar kann es Metawerke geben, Kompositionen von Kompositionen, aber selbst das hört irgendwo auf. Genau das ist der Ort, an dem wir auf die irreduzible Komposition, die absolute Einzigartigkeit des Werkes treffen.

Die radikale Autonomie der Kunst führt das menschliche Leben geradewegs in eine Sackgasse. Diese Sackgasse ist eine Manifestation der Macht der Kunst. Ihre Sicht auf dieses Problem erläutert die deutsche Philosophin Andrea Kern auf elegante Weise:[25] Die radikale Autonomie eines Kunstwerkes bedeutet, dass jede Wahrnehmung, jeder Kontakt mit dem Kunstwerk einen Teil von diesem ausmacht. Um ein Kunstwerk wahrzunehmen, müssen Sie es interpretieren oder Sie müssen es, anders gesagt, *performieren*, es aufführen: Das Hören einer Symphonie ist Teil derselben; die Betrachtung einer Skulptur Picassos ist Teil derselben und ein Gericht bei *Pré Catelan* zu kosten, ist ebenso Teil dieses Gerichts, usw. Die Form, die unsere Erfahrung annimmt – einschließlich unserer Erfahrung, über die Komposition des Werkes nachzudenken, d. h. Anteil an der Konstitution eines Werkes zu nehmen, wird im Allgemeinen *ästhetische Erfahrung* genannt. Das Problem mit dieser ästhetischen Erfahrung ist, dass wir völlig vom Kunstwerk aufgesogen werden. Als ein Teil des Werkes können wir uns diesem nicht entziehen. Menschen besitzen folglich keine autonome Fähigkeit, in ein Werk ein-, oder aus diesem auszutreten.

Wir können ein Ticket für die Oper kaufen und das Stück selbstverständlich während seiner Aufführung verlassen. Das heißt aber nicht, dass wir in dieses Stück als Werk eingetreten sind. Wir haben alle schon einmal die Erfahrung gemacht, auf die eine oder andere Weise mit einem Werk konfrontiert gewesen zu sein, ohne dass wir es im selben Zuge verstanden haben. Wir haben keinen Zugang zu ihm gefunden oder es nicht als schön empfunden. Ob wir von einem Werk aufgesogen werden oder nicht, obliegt der Macht des Werkes. Nicht einmal eine Vorbereitung auf das Werk besitzt diese Macht. Kein Studium der Kunstgeschichte bereitet Sie auf dieses oder jenes Werk vor. Eine intellektuelle Ausbildung trägt zwar zur theoretischen Werkanalyse bei, die ihrerseits die ästhetische Erfahrung informieren kann. Doch die ästhetische Erfahrung kann man auch ohne vorherige Ausbildung machen.

Oder vielmehr: Die ästhetische Erfahrung tritt plötzlich ein oder sie tut es eben nicht. Wenn die ästhetische Erfahrung eintritt, dann handelt es sich um eine Bewegung innerhalb des Werkes. Es gibt dabei, mit anderen Worten, keine Zuschauer.

Ich werde dies nun an einem einfachen Beispiel veranschaulichen. Wenn ich einen Film im Kino sehe, beispielsweise Alfred Hitchcocks *Psycho*, dann versuche ich tatsächlich nicht, Marion Crane in dem Moment zu warnen, in welchem sie unter der Dusche erstochen wird. Ich bin mir darüber bewusst, dass eine Leinwand meine Realität von ihrer trennt und ebenso andersherum. Wir wohnen nicht dem gleichen Sinnfeld bei. Und dennoch fühle ich etwas, wenn ich diese Szene rezipiere. Meine ästhetische Erfahrung zieht mich in das Sinnfeld dieses Films, aber nicht auf die Art und Weise, dass mich der Mörder, Norman Bates, beobachten könnte.[26] Sofern ich an der Selbstkonstitution des Filmes teilnehme, spielt sich das Werk auf der Bühne meines Geistes ab. Mein Geist verwandelt sich in eine Selbstdarstellung der Kunst.

Diese Struktur, welche der Subjektivität – im Sinne eines Zuschauers, der ein Werk von außen rezipiert – keinen Platz einräumt, wird durch die folgenden beiden bekannten Filme vortrefflich illustriert: *Alien* und *Star Wars*. Auf der Ebene seiner Komposition erzählt *Alien* nicht von Aliens, welche die menschlichen Organismen als Wirte benutzen, um wiederum auf die Erde zu kommen usw. Dies ist Teil des Plots, aber nicht der filmischen Komposition. Auf der Ebene seiner Komposition handelt *Alien* von der Tatsache, dass der Film als solcher uns Menschen als Wirte seiner Selbsterschaffung nutzt. *Wir* sind die in Wirte des Ereignisses verwandelten Organismen, was die Selbstoffenbarung des Werkes, das *Alien* genannt wird, ausmacht.

Ein Lichtspektakel (Laser) im Kino wird zu einem Kunstwerk, gerade weil es sich des Publikums als Projektionsfläche bedient. Filme werden auf die Bildfläche unseres Geistes projiziert und nicht, wie wir naiv dachten, auf die Leinwand des Kinos. Das, was auf die Leinwand projiziert wird, ist Licht, welches Informationen transportiert. Diese Informationen werden daraufhin vom Publikum als Film interpretiert, indem Objekte beispielsweise in Form eines Plots oder einer Erzählung zusammengebracht werden. Wir sind also Wirte eines *Alien*-Films, der unseren menschlichen Geist benötigt, um zu existieren. Wir gebären die Aliens, die wir auf der Leinwand sehen, indem wir den Film durch die einfache Tatsache, ihn anzuschauen, interpretieren. Kinos unterscheiden sich vom Theater, wo eine vierte unsichtbare Wand das Publikum von den Ereignissen, die auf der Bühne stattfinden, trennt. Dagegen werden wir im Kino durch die Filmerfahrung selbst aufgesogen. Denken Sie in dieser Hinsicht an Christopher Nolans Film *Inception* (Ursprung, Implantation), der selbst... eine Implantation ist!

Niemand hat sich je danach gefragt, warum es Laserschwerter in *Star Wars* gibt, oder warum diese Waffen in Science-Fiction-Filmen auf der Idee basieren, dass Licht (Laser) töten kann. Die Erfahrung von *Star Wars* führt mehr und mehr zu der eines reinen Spektakels, eines Laserspektakels. Deshalb bietet *Rogue One: A Star Wars Story* eine sehr gute Darstellung der Komposition dieser Saga. Diesen Film zu sehen ist, als ob man von der Hochgeschwindigkeitsversion einer Lasershow bombardiert werden würde. Dieser Film ist, besser gesagt, eigentlich eine Frontalattacke auf unser Empfindungsvermögen. Diese Attacke verdeutlicht die Tatsache, dass die Kinoleinwand in unsere Wirklichkeit eindringt und von ihr Besitz ergreift. Wir werden Teil des Sich-Ereignens des Kunstwerkes, das uns mittels der Illusion, dass es um eine Handlung geht, in seinen Bann zieht. Das ist ein Teil der Macht Hollywoods. Hollywood beruht auf der Illusion des Genres und des Plots. Aus diesem Grund nehmen zahlreiche Filmerfolge die Form einer Saga oder von Fortsetzungen an. Dies schafft die Illusion, dass es in Hollywood nur um die Plots geht, obwohl sich die Studios in Wirklichkeit mit der Macht der ästhetischen Erfahrung befassen. Einige Hollywood-Filme wie *Psycho* sind so radikal wie jedes andere Werk. Ein *Remake* ist niemals eine einfache Kopie, sondern immer ein anderes Kunstwerk, welches uns in gleicher Weise die Macht der Kunst vor Augen führt.

Das sich daraus ergebende Problem des Paradoxes der ästhetischen Erfahrung lautet folgendermaßen: Wenn ich eine Erfahrung von Kunst mache, höre ich auf zu existieren, denn ich bin ein autonomer Akteur. Ich konstituiere mich als solcher, indem ich bestimmten Regeln gehorche, die *letztlich* der Struktur des Menschen unterworfen sind. Diese universelle Struktur ist die Form des moralischen Gesetzes, das Kant den »kategorischen Imperativ« nannte. Dies ist der Grund, weswegen der Mensch eine Würde besitzt. Die menschliche Würde geht aus der Tatsache hervor, dass wir im Wesentlichen gleich sind, insoweit unsere Autonomie die Funktion einer universellen Struktur ist. Während einer ästhetischen Erfahrung sind wir allerdings wie gelähmt. Wir sind den künstlerischen Prozessen und Kräften unterworfen, deren radikale Autonomie kein Mitspracherecht hinsichtlich ihrer Konstitution einschließt. Eine Interpretation ist weder ein Akt der Freiheit noch ein Akt der Autonomie unsererseits! Kunstwerke sind höchst autonom und mächtig. Diese Macht ist eine fremde Kraft, die in keiner Weise der Kontrolle eines menschlichen Subjekts unterliegt.

Das bedeutet, dass wir nicht darüber entscheiden können, ob wir eine ästhetische Erfahrung machen. Selbst wenn wir ein Kinoticket kaufen oder einen Tisch im *Bica Do Sapato* in Lissabon reservieren, kann es sein, dass wir nicht das Erlebnis einer ästhetischen Erfahrung verspüren: Es ist möglich, dass wir weder die Schönheit des Films erfassen noch, dass wir die Gerichte, die man uns serviert, mögen. Eine ästhetische Erfahrung tritt plötzlich ein und bemächtigt sich des menschlichen Lebens wie ein Virus oder ein Außerirdischer aus *Alien*. Das ist der Grund, warum Ridley Scotts Filme *Prometheus* und *Alien: Covenant* sowohl auf der Handlungs- als auch auf der Kompositionsebene, behaupten können: Menschen sind Schöpfungen der Kunstwerke. Unsere menschliche Autonomie schöpft aus der Kunst.

Es gibt zwei miteinander konkurrierende Thesen zur menschlichen Autonomie. Die erste geht auf Johann Gottlieb Fichte zurück, der versuchte, den kantischen Autonomiebegriff zu entfalten. Die zweite, die sich auf das Paradox der ästhetischen Erfahrung bezieht, wurde von seinem Kritiker, Friedrich Wilhelm Joseph Schelling und weiteren Philosophen der deutschen Romantik (unter denen Friedrich Schlegel der bekannteste ist) vertreten. Nach der ersten These konstituierte sich der Mensch zu einem gewissen Zeitpunkt seiner Geschichte, indem er sich dem moralischen Gesetz unterwarf. Beziehungsweise die Menschen seien, so Fichte, vor ihrer Unterwerfung unter das moralische Gesetz noch gar keine Menschen gewesen. Unser Menschsein beginnt folglich mit unserer Erfahrung der Unterwerfung unter die Moral. Deshalb, folgert Fichte weiter, behauptet der Monotheismus, dass es eine Offenbarung gegeben habe und uns die Propheten den göttlichen Willen in Form von moralischen Geboten übermittelt haben. Es geht hier jedoch nicht darum, ob Fichte an Gott glaubte. Dafür, dass er Gott und das moralische Gesetz zusammendachte, erntete Fichte zu seiner Zeit den Vorwurf des Atheismus.

Die zweite These – nennen wir sie das romantische Ideal – besagt, dass Kunstwerke unsere Autonomie konstituieren. Wir werden durch Bilder erschaffen. Wir sind folglich nicht nach dem Bild Gottes, sondern nach dem Bild der Bilder geschaffen. Es ist in der Tat keinesfalls abwegig, die menschliche Geschichte im Lichte von Kunstwerken zu betrachten. Unsere Existenz als selbstbewusst und aktiv denkende Wesen beginnt mit unserer Fähigkeit, menschliche sowie nicht-menschliche Angelegenheiten zu symbolisieren.

Dem romantischen Ideal zufolge sind Kunstwerke Offenbarungen der Autonomie. Die frühesten Felsmalereien und die ersten ästhetisch gearbeiteten Waffen verleihen dem menschlichen Leben die Struktur einer radikalen ästhetischen Autonomie. Gemäß dieser These steht die menschliche Autonomie im Dienste der anonymen Kräfte der Kunst. Die Kunst hat uns nach ihrem eigenen Bild geschaffen.

Diese radikale Vorstellung eines Komplotts der Kunst[27] ist durchaus gerechtfertigt: Kunstwerke existieren aus keinem anderen Grund als aus sich selbst heraus. Und sobald sie existieren, werden sie interpretiert. Diese Interpretation saugt den Menschen in die Kunst, ohne ihm Raum zum Ein- oder Austreten zu lassen. Seit dem Beginn dieses Prozesses durchlaufen wir Menschen eine ästhetische Erfahrung nach der Anderen: Unsere Eltern bringen uns das Sprechen mit Hilfe symbolischer Szenen bei, wie sie in Kinderbüchern gezeigt werden. Zu Hause, in der Kirche, in der Moschee, in der Synagoge, im Fernsehen oder in der Schule lauschen wir Geschichten. Wir sind umgeben von Architektur, hören Musik und benutzen *Design*produkte. Wir sind in ein unendliches Netzwerk aus Kunstwerken eingebettet.

Es wäre jedoch ein Fehler, den Menschen als Knotenpunkt dieses Netzwerkes auszumachen. Diese Ontologie des vernetzten Menschen ist nichts anderes als eine verrückte poststrukturalistische Übertreibung, die heute von Bruno Latour mit seiner Akteur-Netzwerk-Theorie vertreten wird.[28] Jeder Mensch existiert innerhalb mehrerer Sinnfelder: Wir sind mit einem Organismus ausgestattet, der diverse Untersysteme (miteinbegriffen sind hierbei jene Lebensformen wie Bakterien, die unseren Körper bewohnen) umfasst; wir sind bewusste Tiere, die mit bestimmten sensorischen Registern ausgestattet sind; wir sind uns unserer selbst bewusst: fähig uns als bewusste Wesen zu denken; wir haben ein Freud'sches *Ego* usw. Wir sind überdies autonome Akteure, insofern wir unsere vielgestaltigen Erscheinungsbilder in unterschiedlichen Sinnfeldern vereinheitlichen können. Diese Vereinheitlichung unterliegt einer moralischen Bewertung. Die Kunst hingegen ist keiner Bewertung außerhalb ihrer selbst unterworfen. Ihre Autonomie ist radikal. Das bedeutet, dass unsere menschliche Autonomie durch den Kontakt mit der Kunst aktiviert werden kann. Wir spiegeln ihre Autonomie wider. Jedoch lebt der Mensch in Gemeinschaften, deren Einheit moralisch, juristisch und generell politisch ist. Keine Form der Kunst unterliegt diesen Vereinheitlichungsformen.

Die Kunst ist amoralisch, ajuristisch und apolitisch. Folglich ist die Macht der Kunst eine absolute Macht.

Aus denselben Gründen ist sie areligiös. Es ist also kein Zufall, dass der Monotheismus behauptet, Gott stehe im absoluten Gegensatz zur Präsenz der Kunst. Kunstwerke sind etwas Absolutes, die Gottes alleinigen Absolutheitsanspruch infrage stellen.

Früher glaubten die Philosophen, dass es nur ein einziges Absolutes geben könne. Spinoza begründet dies auf bemerkenswerte Weise in seinem Hauptwerk, der *Ethik*: Das Absolute ist etwas, dessen Existenz sich auf nichts zurückführen lässt. Das Absolute steht nicht in äußerer Beziehung zu etwas, auf dem es sich gründen würde. Doch wenn ein weiteres Absolutes existieren würde, könnte eine Beziehung zwischen den beiden Absolutheiten etabliert werden, welche die Möglichkeit zu einer gegenseitigen Rechtfertigung eröffnet. Man müsste also zugleich ausschließen, dass eine Beziehung zwischen den Absolutheiten beide jeweils definiert usw.

Zu Recht hielt Leibniz diesem allgemeinen Argumentationsgerüst entgegen, dass es sehr wohl eine Pluralität von Absolutheiten (genannt Monaden) geben kann, die radikal autonom sowie getrennt voneinander bestehen.

Die Ontologie der Sinnfelder, die ich an anderer Stelle ausgeführt habe,[29] erlaubt es uns, diesen klassischen Ansatz des Absoluten zu umgehen. Kunstwerke können in dem Maße absolut sein, wie sie in radikal Autonomie existieren. Kunstwerke sind von allem anderen isoliert. Sie saugen uns Menschen in ihr Inneres ein. Und sobald sie einmal Besitz von uns ergriffen haben, können sie uns ebenso grundlos wieder freilassen. Kunstwerke agieren wie ontologische Schwarze Löcher: Sie sind massiv autonom in dem Sinne, dass man sich, je näher man ihnen kommt, desto mehr in ihnen verliert. Ohne äußeren Grund wird man schließlich ausgestoßen und ist verwandelt. Diese Verwandlung durch die ästhetische Erfahrung geschieht nicht absichtsvoll. Kein Künstler kann vorhersagen, was passieren wird, nachdem man ein Werk interpretiert hat.

Deshalb fürchten so viele Vertreter, die den Bereichen nicht-künstlerischer Sinnfelder entstammen, die Macht der Kunst: Religion, Philosophie, Wissenschaft und Politik ärgern sich über die Kunst. Häufig versuchen sie, diese zu bekämpfen. Doch sie verfügen nicht über die Möglichkeiten, an die Kunst heranzukommen. Denn die Kunst an sich liegt außerhalb der Reichweite anderer Sinnfelder. Es handelt sich bei ihr ja gerade um ein Absolutes.

Jedes Kunstwerk ist absolut. Es gibt sich sein eigenes Gesetz. Dazu bedarf es allerdings der Interpretation. Die erste Interpretation fällt oft, aber nicht notwendigerweise, mit derjenigen des Künstlers zusammen. Als Gustave Flaubert *Madame Bovary* verfasste, begann das Werk (jedoch nicht Emma, die selbst kein Werk ist, sondern eine Person) in seiner Interpretation zu existieren. Um sich selbst zu verwirklichen, ergreift das Kunstwerk Besitz vom Geist des Künstlers. Ohne diesen Akt würde es nicht zu existieren beginnen. Nichts, was außerhalb seiner liegt, verhilft ihm zu seiner Existenz. Eben deshalb beginnen Kunstwerke völlig grundlos zu existieren. Sie sind da, das ist alles. Der romantische Philosoph Friedrich Schelling beschreibt diese Struktur in einer bemerkenswerten und symbolträchtigen Passage im Lichte einer theophanischen Vision; einer Vision davon, wie der Mensch in Gottes Geist eintritt:

> Gott aber kann nur sich offenbar werden in dem, was ihm ähnlich ist, in freien aus sich selbst handelnden Wesen; für deren Seyn es keinen Grund gibt als Gott, die aber sind, sowie Gott ist. Er spricht, und sie sind da. Wären alle Weltwesen auch nur Gedanken des göttlichen Gemüthes, so müßten sie schon eben darum lebendig seyn. So werden die Gedanken wohl von der Seele erzeugt; aber

> der erzeugte Gedanke ist eine unabhängige Macht, für sich fortwirkend, ja, in der menschlichen Seele, so anwachsend, daß er seine eigne Mutter bezwingt und sich unterwirft. Allein die göttliche Imagination, welche die Ursache der Specification der Weltwesen ist, ist nicht wie die menschliche, daß sie ihren Schöpfungen bloß idealische Wirklichkeit ertheilt. Die Repräsentationen der Gottheit können nur selbständige Wesen seyn; denn was ist das Beschränkende unsrer Vorstellungen als eben, daß wir Unselbständiges sehen? Gott schaut die Dinge an sich an. An sich ist nur das Ewige, auf sich selbst Beruhende, Wille, Freiheit. Der Begriff einer derivirten Absolutheit oder Göttlichkeit ist so wenig widersprechend, daß er vielmehr der Mittelbegriff der ganzen Philosophie ist. Eine solche Göttlichkeit kommt der Natur zu. So wenig widerspricht sich Immanenz in Gott und Freiheit, daß gerade nur das Freie, und soweit es frei ist, in Gott ist, das Unfreie, und soweit es unfrei ist, nothwendig außer Gott.[30]

Als Romantiker setzte Schelling die Schöpfung (den Beginn der Existenz von etwas) mit einer Ontologie der Kunst gleich. Für ihn ist alles, was ist, *letztlich* ein Kunstwerk. Es handelt sich dabei um die missbräuchliche Verallgemeinerung einer der Kunst eigenen Wahrheit. Halten wir nichtsdestotrotz fest, dass sein Vorschlag zur Beziehung zwischen dem menschlichen Denken und unseren Gedanken genau die Machtstruktur der Kunst erfasst.

Sobald wir einen neuen Gedanken denken – was ständig in unserem bewussten Leben passiert – dringt dieser in unser Bewusstsein ein. Jetzt denke ich daran, dass ich diesen Satz schreibe. Während ich diesen Satz schreibe, scheint es so, als ob er sich vollenden würde, indem ich meinen Geist als Medium verwende. Gedanken ereilen uns einfach. Weder können wir ihnen zuvorkommen, noch können wir sie hervorbringen. Wenn dies der Fall wäre, müssten wir einen Gedanken über den Gedanken formulieren, den wir hervorbringen wollen. Dieser Gedanke wäre dann folglich nicht hervorgebracht worden. Das heißt, dass wir unser Denken nur durch die Vermittlung der Gedanken, die wir tatsächlich denken, kontrollieren. Wir übernehmen die Kontrolle über unser geistiges Dasein, indem wir unsere Gedanken danach auswählen, was wir als wahr oder falsch akzeptieren können. Doch selbst diese Tätigkeit haben wir nicht ganz unter Kontrolle. Das menschliche Denken ist ein anderes Absolutes, etwas, das nur seinen eigenen Gesetzen unterworfen ist (jenen der Logik und der Verständlichkeit).

Der Unterschied zwischen dem Denken und den Kunstwerken besteht jedoch darin, dass Letztere nicht den Gesetzen der Logik unterworfen sind. Kunstwerke können voller Widersprüche sein. Was ihrer Existenz nicht schadet. Würde ein Denker genauso zusammenhanglos wie ein absurdes Gedicht vorgehen, so wäre er kein Denker mehr. Wenn jemand in keiner Weise das moralische Gesetz respektieren würde, dann wäre er kein schlechter Mensch, sondern schlichtweg ignorant gegenüber den Anforderungen der Moral. Selbst das radikal Böse nutzt die Idee des Guten, um sie ihrerseits umzukehren.

Die Kunst ist alogisch. Kompositionen sind nicht nach den universellen Prinzipien der Logik strukturiert, wie das Prinzip der Widerspruchsfreiheit oder das Identitätsprinzip in einer logischen Beweisführung. Um logisch zu denken, muss ich mich vergewissern, dass meine Begrifflichkeiten konstanten Referenzbedingungen entsprechen. Wenn ich an Emmanuel Macron denke, dann soll der Begriff »Emmanuel« dem Vornamen des Präsidenten und nicht demjenigen Immanuel Kants entsprechen. Genauso verweist »Emmanuel Macron« in diesem Bedeutungszusammenhang auf den Präsidenten und nicht auf eine andere Person, die den gleichen Namen trägt. Wenn ich an Macron denke, kann ich nicht ständig die Bedeutung von Macron in eine andere (Sinn-)Feldrichtung verändern. Andernfalls würde ich nicht an Macron denken. Kunstwerke benötigen keine derartigen semantischen Prinzipien, welche der Logik und den Regeln der Kommunikation sowie der allgemeinen Verständlichkeit unterworfen sind.

Das ist ein weiteres Merkmal ihrer radikalen Autonomie. Kunstwerke sind Individuen, deren Existenz an keinem Punkt fundamental mit irgendeiner universellen Struktur verbunden ist.

Wie ich bereits zu Beginn meiner Überlegungen zur Kunst sagte, ist diese überall präsent. Sie ist ein Absolutes, das unsere menschliche Existenz durchdringt. Unsere ästhetische Erfahrung ist ein Paradox für unsere Logik sowie für unsere moralischen Verpflichtungen. Ein mächtiger Faktor, der außerhalb jeder menschlichen Kontrolle steht, manifestiert sich auf radikale Weise in unserem Leben. Dieser Faktor ist die Kunst an sich. Die Kunst an sich liegt nicht im Auge ihres Betrachters. Wir erschaffen die Kunstwerke nicht; es sind die Kunstwerke, die uns als Beteiligte erschaffen, um damit ihre eigene Existenz zu begründen. Sie kündigen sich nicht an; sie sind einfach da, ohne einen Grund, der außerhalb ihrer selbst liegt. Wir können ihnen weder widerstehen noch uns ihrer entledigen.

Kunstwerke sind übermächtige Entitäten. Um sich ihnen zu nähern, ist es wichtig, über eine gute Ontologie der Kunst zu verfügen, ein Wissen darüber, was Kunst an sich ist, nämlich ein Sinnfeld, das von radikal autonomen Individuen bewohnt wird, die keinen wesentlichen Determinanten unterliegen. Diese formale Struktur erlaubt es uns nicht, Kunst zu bewerten, sondern nur die Existenzweise eines Kunstwerks zu definieren. Nicht jede Kunst ist gleich gute Kunst und nicht jede Kunst, der wir begegnen, ist als solche erkennbar. Die Kunst kann sich vor uns verbergen und ihre Macht ausüben, ohne dass wir es bewusst wahrnehmen. Gerade deshalb ist sie auch gefährlich.

Mit diesem Essay plädiere ich für die radikale Autonomie der Kunst. Meiner Meinung nach weist diese Autonomie der Kunst über den klassischen Kunstbegriff Kants und Schillers, nach dem die Kunst ganz wie die Moral zur Verbesserung des Menschen beitragen kann, hinaus. Vielleicht trifft dies zu, vielleicht auch nicht. Es liegt nicht in der Natur der Kunst, uns zu verbessern oder uns zu vernichten. Der Kunst ist das völlig egal.

Zum Abschluss möchte ich die folgende Warnung wiederholen: Wir dürfen nicht die Kunst mit der Existenz im Allgemeinen verwechseln. Was ist, ist normalerweise kein Kunstwerk. Bosonen und Menschen sind keine Kunstwerke, genauso wenig wie das Universum ein Kunstwerk ist. Nicht alles, was ist, ist autonome Schöpfung, welche den universellen Gesetzen nicht unterliegt. Gegen Nietzsche müssen wir darauf insistieren, dass die Welt nicht als ästhetisches Phänomen gerechtfertigt werden kann, da sie schlicht kein ästhetisches Phänomen ist. Die Romantik liegt hier falsch. Doch der Nihilismus ist gleichermaßen ungerechtfertigt. Wert, Schönheit und Wahrheit existieren tatsächlich in der Wirklichkeit als solcher. Die Kunst an sich ist schön, weil manche Werke schön sind. Künstlerische Schönheit entspricht dem Ereignis, dass ein bestimmtes Werk diejenigen Kriterien erfüllt, die in seiner Komposition festgelegt wurden. Diese Kriterien können nicht von außen bewertet werden. Jedes Werk urteilt über sich selbst; es fällt sein eigenes ästhetisches Urteil. Die Kunst verlangt von uns Menschen nicht, dass wir sie mögen. Entweder ergreifen uns Kunstwerke oder eben nicht. Darin liegt die Macht der Kunst.

Endnoten

1 »Duineser Elegien. Die erste Elegie«, in: ders., *Sämtliche Werke,* Band 1-6, Bd. 1, Wiesbaden und Frankfurt am Main 1955-1966, S. 684-688, hier: S. 684.

2 Siehe natürlich Nick Bostrom, *Superintelligenz. Szenarien einer kommenden Revolution*, Berlin 2014, der die philosophischen Ideen expliziert, die durch Ray Kurzweil, *Menschheit 2.0. Die Singularität naht*, Berlin 2013, populär geworden sind.

3 Zu dieser Konzeption des Menschen siehe Markus Gabriel, *Ich ist nicht Gehirn: Philosophie des Geistes für das 21. Jahrhundert*, Berlin 2015.

4 Jean-Paul Sartre, *Das Imaginäre. Phänomenologische Psychologie der Einbildungskraft*, Reinbek bei Hamburg 1995.

5 Siehe Michael Findlay, *The Value of Art: Money, Power, Beauty*, London 2014; Wolfgang Ullrich, *Siegerkunst. Neuer Adel, teure Lust*, Berlin 2016.

6 Arthur C. Danto, »The Artworld«, in: *The Journal of Philosophy*, Bd. 61, Nr. 19, American Philosophical Association Eastern Division Sixty-First Annual Meeting (15.10.1964), S. 571-584.

7 Für eine klare Einführung in diesen fundamentalen Gedanken einer allgemeinen Gesellschaftstheorie siehe John R. Searle, *Die Konstruktion der gesellschaftlichen Wirklichkeit. Zur Ontologie sozialer Tatsachen*, Berlin 2011; sowie ders., *Wie wir die soziale Welt machen. Die Struktur der menschlichen Zivilisation*, Berlin 2012.

8 Für eine Einführung in den Neuen Realismus siehe Markus Gabriel, *Warum es die Welt nicht gibt*, Berlin 2013; sowie Maurizio Ferraris, *Manifest des neuen Realismus*, Frankfurt a. M. 2014. Für eine (energische) Ablehnung der Idee, nach der die Wirklichkeit ein Konstrukt oder eine Ableitung menschlicher Tätigkeiten ist, siehe Paul Boghossian, *Angst vor der Wahrheit. Ein Plädoyer gegen Relativismus und Konstruktivismus*, Berlin 2013.

9 Quentin Meillassoux, *Nach der Endlichkeit*, Zürich 2018.

10 Graham Harman, *Vierfaches Objekt*, Berlin 2015.

[11] Jocelyn Benoist entwickelt dies auf elegante Weise in *Le Bruit du sensible*, Paris 2013.

[12] Eine Übersicht bieten die Beiträge von Simon Baker, Markus Gabriel und Peter Weibel, die zur Biennale 2017 in Venedig veröffentlicht wurden, vgl. Christa Steinle, *Erwin Wurm. One Minute Sculptures. 1997-2017*, Berlin 2017.

[13] Georg Wilhelm Friedrich Hegel, »A. Kantische Philosophie«, in: ders., *Werke*, Berlin 1832, S. 18-51, hier: S. 29f.

[14] Aristoteles, *Über die Seele. De anima*, Buch III, Kapitel eins und zwei, Hamburg 2017.

[15] Siehe Thomas Görnitz, »Quantum theory as universal theory of structures – essentially from cosmos to consciousness«, in: *Advances in Quantum Theory*, Rijeka 2012; sowie ders., Brigitte Görnitz, *Von der Quantenphysik zum Bewusstsein – Kosmos, Geist und Materie*, Berlin, Heidelberg 2016.

[16] Mark Johnston, *Saving God. Religion after Idolatry*, Princeton 2009.

[17] Graham Harman, *Vierfaches Objekt*, Berlin 2015.

[18] Zu dieser Frage siehe Markus Gabriel, *Ich ist nicht Gehirn. Philosophie des Geistes für das 21. Jahrhundert*, Berlin 2015.

[19] Siehe dazu ausführlicher Markus Gabriel, *Warum es die Welt nicht gibt*, Berlin 2013; und ders., *Fields of Sense*, Edinburgh 2015.

[20] Joseph Kosuth, »Kunst nach der Philosophie«, in: Paul Maenz, Gerd de Vries, Wilhelm Höck (Hg.), *Art & Language*, Köln 1972, S. 99.

[21] Walter Benjamin, *Das Kunstwerk im Zeitalter seiner technischen Reproduzierbarkeit*, Frankfurt a. M. 1963.

[22] Theodor W. Adorno, *Ästhetische Theorie*, Frankfurt a. M. 1973.

[23] Gilles Deleuze, *Logik des Sinns*, Frankfurt a. M. 1993.

[24] Hinsichtlich dieses Konzepts siehe Daniel Dennett, »Real patterns«, in: *The Journal of Philosophy*, vol. 88, n 1, New York 1991, S. 27-51.

[25] Siehe Andrea Kern, »Die Welt der Kunst. Diderots Konzeption ästhetischer Selbstvergessenheit«, in Rudolf Langthaler, Michael Hofer (Hg.), *Transzendentalphilosophie. Möglichkeiten und Grenzen. Wiener Jahrbuch für Philosophie*, Band XLIV, Wien 2012.

[26] Zu den verschiedenen Paradoxien, die sich in dieser Situation auftun, siehe George M. Wilson, *Seeing Fictions in Film. The Epistemology of Movies*, Oxford 2011.

[27] Siehe Jean Baudrillard, *Le Complot de l'art. Illusions et désillusions esthétiques*, Paris 2005.

[28] Deshalb präferiert Latour die Existenzweise der Netzwerke auch in seiner Ontologie. Siehe Bruno Latour, *Existenzweisen. Eine Anthropologie der Moderne*, Berlin 2014.

[29] Markus Gabriel, *Warum es die Welt nicht gibt*, a.a.O.; ders., *Fields of Sense*, a.a.O.

[30] Friedrich Wilhelm Joseph von Schelling, *Sämmtliche Werke*, 1. Abt., 7. Bd., Stuttgart, Augsburg 1860, S. 347.